AF436792

Dedicatoria

Esta obra de caracter historico quiero dedicarla primero a Dios porque a pesar de tener que recomenzar desde cero, jamas me ha abandonado y ha mantenido en mi las ganas de vivir.

A mi esposa y a mis hijos, porque pese a las dificultades que nos ha tocado vivir siempre hemos permanecido unidos y han sido mi fuente de inspiracion.

Y finalmente a mi país, porque esta historia me ha permitido medir cuanto amor puedo sentir por la tierra que me vio nacer.

Novela

INVASION

SILENCIOSA

Raúl Alberto Díaz

**Como un país invadió a otro mediante el
adoctrinamiento de su *población***

Novela

INVASION SILENCIOSA

Raúl Alberto Díaz

Como un país invadió a otro mediante el adoctrinamiento de su *población*

Raúl Alberto Díaz   Periodista Escritor, Autor de Invasión Silenciosa. Luego de escapar de su natal Venezuela, decide escribir esta novela realidad ficción cuya trama helará a sus lectores y les permitirá conocer el entramado que crearon los lideres de una corriente de pensamiento cuya fuente de ideas se ha ido agotando con el avance de la sociedad y su tercera revolución industrial . El relato cuenta como una nación fue invadida silenciosamente, como ultimo recurso luego de varios intentos de hacerlo por la fuerza para ser sometida a una transformación a la cual siempre se resistió.

Esta pieza literaria contada por quien fuera rehén en su país en la primera intentona golpista aquella madrugada de 1992, deja una advertencia a las naciones del mundo en torno a la dominación de la cual pueden llegar a ser objeto por parte de grupos económicos que se encuentran en la oscuridad.

Indice

Prólogo.. 8

Introducción.....................................11

Capitulo 1

Aquella madrugada..................................15

Capitulo 2

Aguas mansas, pueblo bravo...................22

Capitulo 3

Caldo de cultivo.......................................34

Capitulo 4

El Plan...54

Capitulo 5

Explosion en cadena..........................72

Capitulo 6

Muere la República...........................102

Capitulo 7

La caída del antifaz...........................138

Capitulo 8

La partida.......................................158

Capitulo 9

Mas allá del Comunismo....................201

Capitulo 10

Y finalmente llegó la luz.....................267

Epilogo..294

Prologo

Desde hace algún tiempo me he dedicado a analizar las diversas situaciones que viven naciones no solo como Venezuela, sino también países que han visto la movilización masiva de sus pobladores, sea por problemas políticos, económicos, de seguridad, por conflictos bélicos o por hambre.

Estos análisis socio políticos los hago de modo general, tratando de atar cabos, y de encontrar el porque del asunto ya que soy de los que piensa que detrás de todo existe un movimiento que esta provocando esta alteración del orden en su conjunto. Sin embargo pongo especial atención a la situación de Venezuela, país eje en el hemisferio, alrededor del cual giran diferentes situaciones que mantienen en vilo el area americana.

Como en mi caso, muchos Periodistas hemos debido salir al mundo en busca de libertad o seguridad. Por esta razón he podido divulgar mis ideas y mi posición frente a la Tiranía que vive la patria de Bolivar. He podido utilizar las Redes Sociales para hacer volar las ideas y en ocasiones esto ha dado luz a ciertos tópicos que muchos no desean traer a la palestra por compromisos partidistas o ideológicos, o simplemente por temor.

En este sentido mi esposa comenzó a motivarme y a decirme que debía escribir y juntar las ideas…aportar un material literario escribiendo un libro y mi respuesta siempre había sido, que si, que eso lo tenía proyectado desde la universidad. Y es que a fin de cuentas soy un Periodista integral/Global, pero con formación, académicamente hablando, literaria, ya que soy egresado de la Universidad del Zulia, como escritor, es decir graduado en la mención de periodismo impreso.

Escribir había sido un proyecto que tenía en mente. En una ocasión le escuché decir al gran Maestro "El Musiu" Lacavalerie, reconocida figura del Periodismo en America Latina, que un hombre era un ser completo cuando, 1.- Procreaba hijos y tenia una familia, 2.- Cuando sembraba un árbol y lo cultivaba y 3.- Cuando escribía un libro con el objeto de dejar un legado.

Se conjugaron varios factores y ese momento llegó. Salir huyendo de mi país. No poder ejercer más el periodismo en Venezuela, la persecución y prisión primero a mi Padre un hombre honorable e intachable que ha sido cegado por un proyecto político cuyo argumento inicial terminó siendo un engaño. Posteriormente la persecución de mi hermano como Periodista Gráfico, quien en mala hora registro en video momentos delincuenciales de la Dictadura en Venezuela. Y acto seguido acoso a mi persona, han sido elementos suficientes para tomar la decisión de crear esta Novela, que va de la realidad a la ficción y mas allá. Si hay algo cierto es que lo que hemos vivido durante estos 20 años supera por mucho todo cuanto se ha contado hasta el momento.

En general la familia venezolana quedó desmembrada. Hoy día en Venezuela la familia como primera célula de la sociedad, ha sido destruida. Por estas y muchas mas razones es por lo que llego el momento de reunir y contar tantas ideas y verdades sueltas y de concatenar todos estos eslabones.

Simplemente llegó la hora.

Introducción

Durante gran parte de su historia, la República Sudamericana ha sido la joya que todos han querido conquistar. Desde la época independentista ha debido defenderse de naciones que han pretendido, y por momentos logrado, apoderarse de sus riquezas y tesoros, y hasta someter a su población. En todos los casos su sociedad ha sabido sortear estas situaciones con inteligencia y gallardía.

El país Sudamericano, es una de las naciones mas ricas del mundo, hablando en términos de recursos naturales, y en la medida que pasa el tiempo mas y mas minerales van colmando la tabla química de elementos ricos en materia para el desarrollo de los pueblos. No bastó solo con el Petroleo, el hierro y el acero, sino que ademas de a poco han ido apareciendo, mas vetas de Oro, Uranio, Diamantes, y mas recientemente se han descubierto minerales como el Coltán (Oro azul) y el Torio (Thorium), elementos naturales utilizados para la tecnología de comunicaciones, energía nuclear y espacial.

Lamentablemente este hecho ha convertido al país en esa joya que todos quieren tener. En este sentido ha ocurrido un hecho trascendentalmente importante para el país, iniciado desde la década de los años 60 y no es otro que el intento de invasión ejecutado por "El Comandante de la Isla" y su gobierno. Un personaje particular con pretensiones de expandir su proyecto comunista y quien en aquellos incipientes embates, pretendió invadir el país por la fuerza y a través de sus costas, al menos así lo refleja la historia soportada con datos periodísticos, y denuncias internacionales a este respecto.

Ante este hecho los pobladores de la localidad conocida como Machurú, dieron parte a las autoridades, y la intención de invasión, fue evitada mediante un enfrentamiento que dejó un lamentable saldo de 8 personas fallecidos, ademas de varios heridos.

Este hecho fue llevado a instancias de la Organización de Estados Americanos, (OEA) motivo por el cual y luego de cumplir los protocolos, la Organización hizo el reclamo formal al gobierno de la Isla, pero esta adoptó una posición de rechazo ante esas acusaciones alegando que no tenían conocimiento alguno sobre este tema. A partir de allí el Pais Sudamericano rompió relaciones con la Isla, producto de semejante agresión. Aún cuando en ese momento la situación no fue a más, después de 30 años la Isla lograría su objetivo.

Según lo revelan datos aportados por Militares de alto rango, quienes ocuparon cargos de primer nivel dentro del último gobierno democrático de la Republica antes de la llegada del Dictador del sur, la invasión a la Nación Sudamericana finalmente se consumó, en esta ocasión mediante la infiltración y adoctrinamiento de oficiales militares nuevos y medios, quienes acompañaron al 'Golpista de Sabaneta', tanto en las intentonas golpistas, como después de asumir el poder en unas elecciones cuyo nivel de abstención estuvo cercano al 55 %.

Esta novela busca dibujar un segmento de la historia contemporánea no solo del país del Petroleo, sino del mundo, pudiéndose aplicar este reflejo a países que por sus riquezas y malos gobiernos se encuentren en la mira de cualquier proyecto de invasión. Los casos por ejemplo, de Nicaragua, Cuba o Venezuela, son emblemáticos. También la situación existente en los países africanos, cuyos pobladores padecen los efectos que dá el poder en manos de pocos, han provocado movimientos migratorios en masa que han superado cualquier expectativa, incluso las reflejadas en el periodo de la post Segunda Guerra Mundial.

Con los nuevos modelos de agresión a las naciones, aplicados por personas y organizaciones tras bastidores, y con la débil e incompleta unificación de modelos legales internacionales que permitan rescatar a 'cualquier región', cuyos gobernantes provoquen hambre y muerte, ninguna nación está a salvo de sufrir una invasión.

Como si fuesen una especie de franquicia, con estructuras actualizadas, apoyadas en la adquisición de medios de comunicación de masas como primer paso antes de ejecutar cualquier otro movimiento y perfeccionadas a través del tiempo, se utilizan esquemas similares en muchas partes del mundo.

En ocasiones utilizan la derecha como argumento, pero en otras la izquierda. Sin embargo el siempre presente denominador común es una herramienta política llamada "Populismo", cuyo filo sin duda afecta mucho mas a los pueblos cuyos actores políticos se convierten en la peor representación de los intereses de la gente y en el motivo por el cual las masas ven ese 'proyecto engañoso' como su única salida.

Capitulo 1

1992

Tres de la mañana. Como todos los días, bueno en realidad de lunes a viernes, Rodolfo entre la alarma del reloj, y las palmaditas de su mamá, se levantaba para ir a su trabajo, que aunque placentero, demandaba un esfuerzo grande puesto que debía estar en un canal de televisión a diario para ofrecer las ultimas informaciones, del día anterior y las primeras notas que ofrecía cada día el viejo continente. Aquella madrugada entre el apuro y el tener que estar impecable para salir al aire, no se percato de otra cosa, que de su seguridad al salir del vecindario donde vivía, el cual por cierto no era para nada pacifico. Su abnegada madre, le acompañaba religiosamente en este ritual madrugador, cuyos pasos estaban perfectamente sincronizados.

Rodolfo asomaba su cara varias veces en el portón de salida, y al no ver nada sospechoso rápidamente con una veloz seña le indicaba a su madre que abriera el portón del estacionamiento para sacar su vehículo al tiempo que el se embarcaba cual piloto de rally, encendía el motor y salía raudo esperando solo unos segundos hasta que Doña Maria cerrara la pesada puerta de paso vehicular, que brindaba seguridad en aquella humilde barriada.

La ciudad a esa hora se presentaba fresca, tranquila, y hasta cierto punto atractiva por la ausencia del transito, que hace de una ciudad de 3 millones de habitantes, un caos en las horas laborables. Sin embargo al mismo tiempo en las horas mas oscuras antes del amanecer quedaba el remanente de la vida nocturna, esta que en un gran porcentaje de los casos pertenece al submundo de las metrópolis, llena de drogas, peligro y prostitución, mas Rodolfo sabía dominar bien aquella linea y con extremada cautela conducía cada mañana con precisión quirúrgica, sobre todo a sabiendas de la responsabilidad que tenía como periodista con un publico super exigente, lo cual le llevó a establecerse así mismo un objetivo, cual era el de no faltar a su trabajo jamas, bajo ninguna circunstancia. Y tanto fue así que solo una vez estuvo a punto de ausentarse debido a una falla se su vehículo, pero en aquella ocasión terminó el trayecto que le quedaba a pie a esa hora de la madrugada y con el peligro que representaba para su seguridad personal, pero seguía con su récord como el mismo lo decía, expandiendo su pecho con orgullo. Esa era su meta y era feliz.

"Sonido de corneta (bip….bip…bip…), que raro Cheito siempre esta despierto a esta hora….(bip….bip…bip…) Debe haber un suplente y el relevo se quedó dormido…coño 'e la madre ahora quién me abre"

Rodolfo era un poco temperamental y perfeccionista, él sabía que este retraso lo iba a retrasar durante el montaje de las noticias.

De pronto, "Buenos días ciudadano", se acercó lentamente en la penumbra un hombre uniformado. Caminó hasta el portón gigante de entrada. De aspecto joven, pero nada que se parecía a un vigilante, el individuo le habló a Rodolfo.

"Ciudadano usted trabaja aquí?", Rodolfo con cierto temor le respondió que si que diariamente esa era su hora de entrada. En ese momento el uniformado abrió el portón de manera manual e invitó a pasar al ahora angustiado Rodolfo, quien al tiempo de avanzar hacia el estacionamiento del Canal de Televisión, se dió cuenta de que el individuo era un militar.

"A la verga", pensó Rodolfo, seguramente están haciendo algún simulacro electoral. Pero un momento …si próximamente no hay elecciones". En ese instante Rodolfo trató de decirle al uniformado que si había un simulacro él se podía ir que no había problema.   A lo cual el militar pronunció un profundo, firme y gutural, "Negativo señor estacione y vaya a su sitio de trabajo".

Al descender del auto, Rodolfo fue abordado por el mismo militar uniformado de campaña y este le pregunto, "Señor es que usted no sabe nada?, y obviamente la cara de Rodolfo era un poema. "No, no me dijeron nada sobre este simulacro". El militar miró a los otros compañeros y le dijo "Esto no es un simulacro, es un Golpe de Estado".

Con su rostro desencajado y aturdido vió a varios de los militares que se encontraban en la penumbra y caminó directo al hall de entrada del canal. En ese instante notó la ausencia de los vigilantes habituales y se acordó de Cheito, "Dios mío donde estará, que le habrán hecho". Trato de asimilar aquel panorama, porque entre la hora de madrugada, la sorpresa y el miedo, no atinaba a pensar, estaba como en automático, y así llegó a la oficina del programa matutino.

Sorprendido se dejo caer en la silla frente al escritorio cuando de pronto Ring....ring....ring... el teléfono sonó con un ring desgarrador. El susto fue tan grande que casi queda pegado al techo prendido de la lampara.

"Aló quién es".. respondió Rodolfo murmurando. "Soy yo Rodolfo, el Economista Antonio Pedrique. Como estás, cuéntame todo", preguntó directo a sabiendas que en cualquier momento Rodolfo iba a ser descubierto hablando.

A todas estas los militares que se encontraban custodiando el canal de Television, tenían tomada la Central Telefonica, por lo que ellos estaban confiados en tener controladas las comunicaciones. Pero resulta que la oficina del Programa matutino, desde siempre había tenido una linea directa para poder recibir llamadas y llamar, debido a que a la hora de estar al aire el programa, no había personal en la central. Esto dió la oportunidad de poder entablar comunicación desde el interior del canal hacia la calle. "Rodolfo debes mantener la calma todo va a estar bien, pero necesito que me digas como están vestidos los militares, si tienen algún emblema o algo que destaque para saber si son del Gobierno o son golpistas". Rodolfo se quedó pensativo como tratando de pasar revista a lo que había visto mas temprano, y de repente dijo: "Una tira….una banda tricolor en el brazo izquierdo. Si eso una banda en el brazo izquierdo con la bandera". En ese momento se le escuchó decir entre dientes al economista un, "Coño e la madre, son los golpistas". "Mira quédate tranquilo, ya en la Capital están controlando todo, lo importante es mantener la calma porque como rehenes los pueden utilizar para salir de este embrollo, y si ustedes……."Antonio te dejo estoy sintiendo pasos….no puedo hablar".

(Sonido de puerta abriendo) "Ciudadano donde puedo ver esta cinta de video". Era el mismo militar que le había abordado antes y Rodolfo temblando del susto, con su experiencia técnica a nivel audiovisual, tomo el pequeño video cassette en su mano lo observo extrañado y le dijo al militar, "Caramba este tipo de formato no lo tenemos en el canal. Aquí trabajamos con el formato U-matic, y todos nuestros equipos tienen unificada la plataforma para poder crear la red. Sin embargo normalmente el ingeniero Reinaldo llega a las 5 y el le dará mejor información .

Despuntando el alba, todos los trabajadores que habían sido capturados fueron sacados del canal y llevados al edificio contiguo, donde se encontraba la Residencia Eclesiástica del Director y Fundador del Canal. En ese momento cuando los trasladaban, Rodolfo sintió la necesidad de correr para ponerse a salvo, cuando en ese momento uno de los militares lo golpeó en la cabeza con el arma. Rodolfo cayó a tierra y de inmediato quedo bañado en sangre, a causa la cortada provocada por el culatazo. Al mismo tiempo las mujeres que estaban en el grupo, secretarias que habían comenzado a llegar a la estación de televisión, comenzaban a gritar llenas de pánico. Esa actitud produjo mayor temor entre los Militares, quienes ya estaban tensos como cuerda de violín, porque el rumor era que la toma de la Capital había fallado y lo que les esperaba era bastante difícil, de afrontar, incluso enfrentaban hasta la carcel.

En el mismo recinto donde quedaba la Residencia eclesiástica, quedaba una escuela primaria, obviamente vacía debido a que las informaciones ya inundaban las pantallas de los medios de comunicación regionales y nacionales , ni se diga de los internacionales. Allí, ya en el sitio todos intercambiaron ideas para tratar de descifrar que ocurría, al tiempo que se escuchaba la llegada de los aviones f16 del Gobierno que comenzaban a surcar el cielo sobre la planta de televisión, recinto que hasta el momento continuaba bajo control de los golpistas.

Una hora mas tarde en la Capital de la República se entregaba el golpista mayor quien en una aventura, mas impulsada desde el exterior del pais, que por cualquier otro hecho, fue manipulado de una manera burda por representantes de corrientes ideológicas diversas a la instituida en la Republica sudamericana.

Este hecho ocasionó que el grupo que había tomado las instalaciones del canal de televisión y la Residencia Oficial del Gobierno Regional, se entregara no sin antes haber negociado las garantías necesarias para poder salir del problema con la menor cantidad cargos por enfrentar. La operación había sido un fracaso descomunal, dejando en el ambiente que la situación no se detendría allí y que el país Sudamericano a partir de ese momento no sería el mismo.

Capitulo 2

1967

"Capitan hay muy mal tiempo la tripulación no se atreve a salir con estas condiciones climáticas. El viaje es extenso y las primeras horas en casos de largas travesías deberían ser menos complicadas", con mucho sigilo, el Primer Oficial le solicitó al Capitan que pospusieran por unas horas la partida, pero eso no procedía porque en costas de Sudamérica estaban arriesgando la vida, un numero importante de guerrilleros quienes desde la Sierra en Sudamerica, habían bajado a las costas para recibirles y guiarles montaña adentro.

"Mire, usted es el primero al mando por decisión mía, si en algún momento de nuevo vuelve a mencionar que pospongamos el zarpe debido al mal tiempo, será arrestado por ocho semanas", le respondió el Capitán en un tono altanero como quien tiene dominio absoluto, y es que pese a los nervios que existían, por ser esa una misión tan arriesgada, debía mostrar firmeza con la tripulación.

Era cierto el tiempo estaba endemoniado, era el mes de Abril y pese a las condiciones del tiempo, se avizoraba una fuerte tormenta en el Mar Caribe, ya era temporada de huracanes, por eso se anunciaba tormenta desde la península de la Florida hasta muy cerca de Venezuela, para mala fortuna de la tripulación.

Era 20 de Abril de 1967. En el corazón del Mar Caribe y como única compañera la tormenta que les azotaba, los tripulantes de ambas embarcaciones no pudieron pegar un ojo durante varios días a causa de los estragos del mal tiempo. Uno de los botes se fatigo en su estructura, por lo que el segundo tuvo que navegar a su lado para evitar una tragedia que le hubiera podido costar la vida a los miembros de aquella misión suicida. Vieron de inmediato tierra, y decidieron llegar a las costas para corregir los problemas con las embarcaciones. Eran las costas de República Dominicana. Allí provecharon y se a pertrecharon de más provisiones y agua potable. A la madrugada continuaba el mal tiempo, pero aun así decidieron zarpar pese al aviso de alerta para embarcaciones. Esta decisión se tomó ya que el tiempo levemente tendía a mejorar.

Luego de varios días de viaje y habiendo superado los embates del clima, la situación mejoró para la misión que se dirigía rumbo a Sudamérica. El grupo conformado por 12 tripulantes 4 de origen isleño y 8 sudamericanos, se preguntaban, si habría valido la pena embarcar en una misión tan difícil. El primer cuestionamiento era el referido a cual sería el interés del Comandante supremo al haberlos enviado a ese viaje tan largo con armamento para entrenar a los jóvenes guerrilleros suramericanos. Y sobre todo porqué no podía esperar, porqué debía ser tan precisa la llegada en esa fecha.

Tantas incógnitas mantenía a la tripulación ocupada elucubrando cualquier cantidad de hipótesis, y pese a que cada uno de los presentes estaba allí por su decisión personal, en ocasiones no dejaban de sentir dudas en cuanto al destino que habían elegido al formar parte de las milicias de la isla.

"Capitan nos estamos acercando a la costa, pero a esta hora no podemos desembarcar, debemos esperar la caída de la noche para poder hacerlo sin llamar la atención", fueron las palabras del Primer Oficial, a lo cual el Capitan replico, " Es cierto debemos bajar a tierra de manera desapercibida, detengámonos aquí, tiren anclas y esperemos la madrugada."

Mientras, en la Isla todos esperaban noticias sobre la misión, "Comandante según nuestros cálculos las embarcaciones deben estar por tomar tierra. Dentro de pocos días habremos alcanzado la primera fase de nuestro plan de entrenamiento a los jóvenes rebeldes que se encuentran en la Sierra costera de Sudamérica", dijo con tono de satisfacción el edecán mirando al Comandante, quien sentado en su aposento con Habano en mano, miraba fijamente hacia el horizonte, imaginando como iba la operación que estaba en marcha.

"Si Jorge, si esto sale mal, podría haber problemas, porque ya hace 5 años fallamos un primer intento de incursión". "Confío en que todo salga bien, si es así celebraremos a lo grande", y dando una profunda bocanada a su tabaco, dejó escapar un suspiro que dejó el aire turbio por unos segundos.

Al otro lado en pleno Mar Caribe, estaba a punto de concretarse lo que sería la incursión mas arriesgada que tropa guerrillera alguna haya realizado en los anales de la historia Americana, navegando 1.115 millas náuticas a través del Mar Caribe, obviamente con varias escalas y aun cuando la incursión tenia como objetivo entrenar tropas rebeldes, posteriormente si resultaba, entonces podrían idear un plan mas profundo y completo.

"Leven anclas !!!", grito con energía el Capitan de la Primera embarcación, con lo cual la segunda nave también reaccionó. En medio de la presión que significaba navegar a ciegas con faros y lamparas apagadas, para no dejar ningún rastro visual de su acercamiento a tierra, ambas tripulaciones pasaron por alto que uno de las embarcaciones tenia su estructura fatigada. Teniendo tierra a la vista no pensaron que el bote pudiera ser un problema.

A fuerza de remo y tratando de no ser detectados, ambas naves iniciaron su acercamiento guiándose solo con la luz de la luna. El mar estaba picado entrándole ya a la costa, eso en cierto modo favorecía la intención de no ser divisados. Lo que desconocían los intrusos era que el area sobre la cual se encontraban estaba llena de arrecifes ocultos bajo la superficie y con el mar calmado la tarde-noche anterior no divisaron nada extraño. De pronto una ola de gran proporción, movió una de las naves y luego en el vacío dejado por esta, quedo al descubierto un arrecife sobre el cual cayó la embarcación cuya estructura estaba sentida, acto seguido los tripulantes cayeron al agua, la nave quedo prácticamente sumergida en parte destruida por el impacto.

De inmediato se escucharon gritos desesperados. Todos sabían que cualquiera que hubiese caído sobre los arrecifes, no viviría para contarlo. Desde la tormenta que atravesaron apenas iniciada la travesía, decidieron que en la nave que había fatigado su estructura solo viajarían 5 tripulantes. Mientras menos peso su rendimiento iba a ser mejor. Al ser justamente esa la nave que encallo, 5 tripulantes cayeron al agua. Los mas experimentados marinos habían caído sobre los arrecifes.

"Orlando donde estas? ….Ernesto !! ….Ernesto !! …. ", gritaban desde el primer bote donde se encontraba el Capitán quien hacía esfuerzos enormes por mantener fijo el timón. "Capitán no los vemos, debemos rescatarlos", gritó el Primer Oficial en medio del ensordecedor golpeteo de las olas furiosas sobre el casco de la nave, como si una fuerza desconocida estuviera protegiendo ls costas de aquel noble país al cual querían incursionar.

De repente emergen 3 de los 5 tripulantes y tomando fuerzas desde lo mas profundo comenzaron a nadar hacia el bote, cuyo rumbo había sido controlado por el Capitan Raul, experimentado en las artes navales y con estudios de alto nivel en Ciencias del mar.

"Aquí…aquí…", gritaban desde el bote tratando de orientar a sus compañeros. Finalmente llegaron al bote y salvaron sus vidas. Pero faltaban dos compañeros. En un viraje de la embarcación, desde el bote, Jose Antonio, otro de los tripulantes, divisó al cuarto naufrago, comenzándole a gritar para que se orientara, cuando se acercaron se dieron cuenta que traía desmayado al quinto compañero caído en desgracia, y rápidamente fueron asistidos hasta subir a la embarcación.

Manuel estaba inconsciente. Se habla golpeado la cabeza con un arrecife. No respiraba por lo que trataron de reanimarlo y le dieron primeros auxilios con desespero rotándose entre todos, tratando de recobrar la calma, mientras dos asistían a Manuel, los otros jadeaban de cansancio por el esfuerzo tremendo que habían desplegado para llegar a la nave. Finalmente luego de 15 minutos desistieron de su intento.

Manuel había fallecido. En este punto la presión que tenían los miembros de la misión estalló y comenzaron a culparse unos a otros. Por momentos el objetivo de la travesía fue olvidado, hasta que el Capitan con un grito les hizo volver en si.

"Debemos llegar a tierra, pronto amanecerá y tenemos el tiempo justo para nuestro encuentro. Después nos ocuparemos de sepultar a Manuel", dijo el Capitan y con un giro de timón bordearon los arrecifes, para llegar a tierra justo antes de que despuntara el sol, llegaron con el tiempo preciso para darle sepultura a Manuel a cierta distancia de la playa.

El incidente que tuvo el grupo de guerrilleros, y por consiguiente su desorientado desembarque apenas antes de salir el sol, les hizo cometer un grave error y este fue abandonar las naves entre algunos manglares, un tipo de planta marina tropical, pero sin ocultarlas debidamente. De haberlo hecho no habrían sido vistas en la orilla de la playa. Sin embargo el no haber procedido a ocultar y camuflar las naves, provocó que al cabo de una hora un pescador que realizaba sus labores en la zona, viera las 2 embarcaciones desconocidas, una destruida por los arrecifes apenas a orillas de la playa, y la otra al borde de los manglares. Al ver las sospechosas naves, sobre todo la que casi naufraga, no perdió tiempo y dio parte a las autoridades del pueblo.

En la Isla presumían que todo estaba en orden y según el plan, toda vez que no había motivos en condiciones normales, para pensar lo contrario.

"Jorge hay alguna información del Capitán Raul y la misión en Sudamerica ?",… "No mi Comandante, pero esté tranquilo que el grupo enviado es de alto nivel" …"Por favor hazme un informe apenas tengas noticias",…"Si Comandante", fue la respuesta súbita del edecán Jorge.

Luego del desembarque y con una baja sensible, puesto que la cantidad de elementos para la misión era mínima, se repartieron el cargamento de armas que traían para el entrenamiento militar. Como era de suponer el camino desde la Costa hasta la Sierra iba a ser difícil, no solo por lo torcido del recorrido, sino por lo pesado del cargamento de armas y municiones. Esto conllevó a que establecieran un plan de avance. Este se basaba en la rotación de hombres cargando las armas, haciendo ademas paradas cada 2 horas. Obviamente a este ritmo iba a ser difícil alcanzar la Sierra al menos en un dia de recorrido.

Cuando, el grupo estuvo a punto de perderse de vista en zona peligrosa por ser boscosa, un contingente de 250 efectivos militares pertenecientes al Ejercito de la República, y a la Guardia Nacional, enfrentó a los invasores. Se inició una batalla que se extendió durante toda la noche, producto de la cantidad y tipo de armamento que poseían los invasores, ademas de la cantidad de municiones con las que contaban. El resultado del enfrentamiento fue la baja de 8 miembros de la misión, 2 detenidos, un invasor evadido y 1 fallecido en el incidente de la costa donde murió ahogado.

Treinta y seis horas tardaron las autoridades en ubicar al grupo de guerrilleros invasores, quienes tenían como misión primaria entrenar a las jóvenes tropas de rebeldes alojadas en la Sierra 'El Bachiller' de la Costa Sudamericana. Ademas el grupo traía un lote de armas en calidad de concesión, que la Isla le estaba entregando al comandante del grupo para iniciar el entrenamiento. Entre el lote de armas habían AK47 las cuales según sus seriales habían sido vendidas por la Rep. Eska y Osea del Norte, siendo el comprador la isla caribeña.

"Comandante disculpe la intromisión tengo noticias, y no son buenas",.....Jorge era muy discreto y esperó el mejor momento para dar el mensaje.

"Suelta prenda Jorge",...dijo a secas el lider de la revolución.

"Atraparon a 2 miembros de la Misión que enviamos a la Sierra Suramericana, el resto de los miembros del grupo están muertos. Solo Alejandro pudo escapar y esta con la guerrilla local", a lo cual el Comandante respondió,

" No pudimos por esa vía … lo haremos de otra manera. Jorge… dame un habano, por favor…"

El intento de invasión de la Isla no había quedado así. El Gobierno del país Sudamericano, ofreció una rueda de prensa a medios nacionales e internacionales, presentando a los dos guerrilleros capturados originarios de la Isla, a quienes hicieron leer en voz alta para comprobar su acento. Pero ademas se presentaron los Fusiles AK-47 que fueron recuperados por el Gobierno, cuyos seriales revelaron que provenían de la Rep. Eska y Osea del Norte, pero además se ofreció la fecha en la que fueron comprados, con lo cual el hecho quedo en evidencia.

Con estas irrefutables pruebas el siguiente paso era hacer la denuncia ante el Organismo líder del continente Americano. Cuando este le exigió a la Isla explicaciones, esta negó absolutamente todo cuanto había ocurrido, alegando que las armas habían sido sustraídas de su parque de artillería. De allí en lo sucesivo, la nación Sudamericana ratificó la ruptura de todo vinculo Diplomático, que estaba vigente desde 1961, debido a una agresión anterior del Comandante y el Gobierno que por la fuerza obtuvo el poder en la Isla del Caribe.

En la década de los '60 fueron incontables los atropellos de la Isla, Incluso cuando en el ano 1959, sin invitación el Comandante viajó con una comisión al Aeropuerto Internacional de la Capital, violando las normas diplomáticas y presentándose al país completamente armado. A esto el Político y estratega Roberto Romancourt le hizo frente y le reclamó en su cara la acción que estaba ejecutando. En aquella visita el Comandante tenia 2 propósitos, buscar Petroleo y e instaurar el Comunismo, vista la reciente salida del poder de una Dictadura de derecha. En ese momento las fuerzas vivas de la nación dieron una negativa a ambas solicitudes, expulsando a la comitiva que había irrumpido en suelo continental.

De allí en adelante el Comandante se las juró.

Capitulo 3

Luego de casi perder la vida, Rodolfo se dedicó a conocer un poco más acerca del porqué un grupo de militares habían irrumpido de esa manera en la escena política, a lo cual cualquiera habría pensado que era por la situación precaria del país, o quizás por la enorme corrupción que existía para la época en todas las instancias de gobierno, sea nacional o regional, fuera de un partido o de otro. Esa era en cierto modo la justificación que estaba a la mano para descifrar el enigma en el cual estaba entrando la nación Sudamericana. Pero no era del todo clara solo la teoria económica y de corrupción.

Sin embargo producto de su juventud e inexperiencia Rodolfo Vega, un joven de clase sencilla, quien tratando de superar sus limitaciones económicas se atrevió a unirse a las Fuerzas Armadas, no lograba entender aquella justificación que se encontraba a la mano. No estaba satisfecho con ese argumento.

De origen sencillo y deportista por naturaleza, Rodolfo Vega luego de solicitar la baja de las Fuerzas Armadas por no encontrar vocación de servicio militar, inicio estudios universitarios, seleccionando la carrera de Periodista, misma desarrollada por su padre y tío, pero ademas por su abuelo materno, quien vivió días de Dictadura en sus años mozos, por allá por 1950. Rodolfo siempre recordaba una historia que la familia contaba en torno a su abuelo, quien por cierto se llamaba igual, y era una de las personas que durante la Dictadura desplegaba panfletos y volantes de comunicación, para organizar a los grupos que a la postre derrocarían al régimen del momento.

Esa ocasión que Rodolfo siempre recordaba fue cuando la Seguridad de Estado, llego a casa de habitación de su abuelo y comenzó una requisa para tratar de encontrar armas. Literalmente desbarataron la casa levantaron baldosas, hasta escarbaron en la arena, buscando cualquier movimiento de tierra reciente. Luego de un buen periodo de revisión no se encontró nada, justo porque la abuela había escondido una Smith & Wesson calibre 38, debajo de las brazas y cenizas del fogón.

Tal vez el olfato Periodístico se herede, pero de cualquier modo se herede o no, las ganas que siempre tuvo de hacer periodismo lo fueron llevando por el camino de la preparación y el éxito. Desde niño acompaño a su Papa Don Roberto Vega, a diferentes eventos periodísticos, sobre todo a nivel deportivo, y ese factor fue determinante para hacer germinar esa pasión interna que solo sienten quienes nacen para Periodistas.

Justo en la mitad de su carrera universitaria comenzó a trabajar siempre en el ámbito del Periodismo, su primer articulo lo escribió para el medio de comunicación de su Escuela de Periodismo, y así fue leyendo, estudiando trabajando, aprendiendo idiomas, mientras mas hacia mas quería, era una especie de adicción.

Pese a su origen, hablando en términos económicos jamas tuvo complejos por las diferencias económicas con sus compañeros de clase o de trabajo, porque su inteligente y amorosa madre desde que Rodolfo era niño le dijo, "Hijo la pobreza esta en el corazón de las personas, no es una condición económica. Nosotros podemos tener limitaciones económicas, pero jamas hemos sido pobres, por el contrario hemos sido bendecidos por Dios", Y con esos conceptos Rodolfo creció y se formó como profesional, como uno de tantos jóvenes en el país sudamericano.

Rodolfo siempre recordaba claramente como recién comenzando a trabajar, todavía en medio de sus difíciles estudios, pudo hacer un crédito para comprarse un carro, apenas con 2 años de uso. pudo refaccionar su casa materna y tantas cosas, todo eso con tantas limitaciones económicas. Entonces porqué aquella explosión del grupo de militares que intentaron derrocar al Gobierno legítimamente constituido? Y se preguntaba porqué si él un simple mortal con trabajo y estudios, los cuales además eran absolutamente gratis, había podido progresar. A veces se lo preguntaba como Periodista, y a veces se lo preguntaba como Militar, utilizando ese instinto malicioso que se desarrolla en esos menesteres de castrenses.

Esa fijación no le dejaba ni a sol ni sombra.....Algo había detrás, existía algo que no podía entender…Por ahora

1974

Palacio Presidencial. El Presidente de la Nación Sudamericana para ese año recibía al Comandante de la Isla en el Salón Principal, designado para acoger a los dignatarios mas importantes. Copa de Cognac en una mano y Habano de la mas fina selección en la otra. De esa forma se reanudan las relaciones congeladas desde el mes de junio de 1961 entre ambas naciones, producto de ideologías opuestas y del intento de invasión que nunca pudo ser castigado, puesto que el agresor desde hacia 5 años ya no formaba parte de la Organización que reúne a todos los países del continente.

La década de los '70 fue grandiosa para la República Sudamericana. con unos precios del petróleo estables, y aprovechando esa pacificación, los grupos guerrilleros que hacían vida activa en la Sierra decidieron integrarse a la sociedad creando y forteleciendo partidos políticos para poder optar al poder.

El pais se encontraba en su mejor momento de desarrollo cultural, y económico, sector este último que se dividió en tres estratos. Sector primario, Secundario y Terciario. El primario empleó un 20% de la población activa, el sector secundario un 28%, y el terciario el 52%. Es decir que la tasa de desempleo rondaba el 9 por ciento, verdaderamente bajo, para lo que se avecinaba.

La Década de los '80 inició con el empuje que traía del decenio anterior, solo que tuvo una característica especial y esta fue la corrupción que comenzó a gestarse en el seno del gobierno central, y que fue contaminando todas las instancias gubernamentales. Es oportuno destacar que los medios de comunicación según su parcialización política, develaban los desafueros cometidos por los representantes políticos opuestos a sus intereses. Esta variable social fue uno de los factores que posiblemente hayan provocado mayor malestar e indignación entre la población, porque el soberano sabia de la corrupción a niveles de gobierno y por ende sabía que la selección de los personajes para conducir el Pais había sido errada. Dos gestiones de gobierno que fueron desde 1979 hasta 1989 destruyeron lo que se había logrado en la década de los "70.

Con la abrupta caída en los precios del petróleo, fuente fundamental de los ingresos, y es que se podría hablar de que aproximadamente el 80 por ciento de los ingresos provenían del rubro petrolero, la economía comenzó a contraerse, y en 1983 se efectuó la primera gran devaluación de la moneda, la cual vino acompañada de un férreo control cambiario, a razón de la fuga de divisas al exterior, la cual se ubicó por el orden de los 10 mil millardos de la moneda para la época. este escenario no pintaba bien en un país en el cual el común de la gente estaba habituada a vivir holgadamente.

1987

"Papá, deseo ir a la Escuela Militar, ya que tu no deseas que sea Periodista, la única opción que veo es seguir una carrera militar, específicamente en la Escuela de Oficiales de las Fuerzas Armadas, aquí está el folleto de inscripción", fueron las duras palabras de Rodolfo para con Don Roberto, quien se encontraba de visita en casa de Rodolfo y Doña Maria, entendiendo que los padres de Rodolfo estaban separados desde hacia algunos años.

"Rodolfo es una sorpresa. No me esperaba esto, preferiría que estudiaras para abogado o medico, pero si es tu gusto yo estaré de acuerdo, porque yo como periodista te puedo decir que deseo algo mejor para ti que estudiar periodismo", le dijo Don Roberto a Rodolfo mirándole fijamente, como buscando de alguna manera que la idea fuera solo un capricho, pero ciertamente Rodolfo le estaba diciendo la verdad, estaba a punto de iniciar sus exámenes físicos y mentales para acceder a la elite de jóvenes que se alistan en una de las mejores academias militares de America Latina, por lo menos lo era para la época.

"Aspirante a Cadete Vega Gonzalez, ha sido asignado al primer dormitorio, novena pieza derecha. Aquí tiene sus enseres y preséntese ante el Alférez Viana Atino para su recibimiento", fueron las palabras del comandante del Cuerpo de Cadetes de la Escuela de Oficiales, mismas para cada uno de los miembros de la promoción año 1987.

A los 17 años es mucho lo que se puede extrañar de casa, sobre todo habiendo crecido con Padres sobre protectores, como en el caso de Rodolfo. Sin embargo esta experiencia le formaría para el resto de su vida. Incluso desde el mismo primer día, cuando haciendo la fila para ir a la barbería a cortarse al ras, cual era obviamente la obligación, Rodolfo de a poco se fue dando cuenta que en la medida que entraban y salían compañeros, les iban dejando un poquito mas de cabello. Y como quien quiere y no quiere, se fue dejando rodar poco a poco hasta el final de la fila, iba retrocediendo imperceptiblemente, y cuando vino a ver estaba prácticamente en el grupo de los últimos tres. Cual no seria la sorpresa cuando un Capitán se acercó al Barbero y le pidió que acelerara que era hora de la cena. Acto seguido los últimos 3 aspirantes a Cadete, fueron víctimas de las afiladas cuchillas Doble Cero, es decir salieron maldiciendo a regañadientes, con el coco brillante. !!

Tres de la mañana, y al compas de la diana Saltaron de la cama todos los Cadetes, a formarse enfrente de cada pieza, en posición de firmes vista y al frente, esperando las instrucciones del Alférez Mayor quien como era habitual estaba asignado al primer dormitorio. Una vez todos formados se dirigieron al patio central para el primer discurso destinado a los nuevos integrantes de la Escuela, curso llamado propedéutico o de preparación.

"Todos iremos en formación de doble linea al recorrido de entrenamiento o trote. Ninguno se puede rezagar, ninguno se puede detener. son las reglas", decía el comandante del pelotón y de esa manera se iniciaba el recorrido de 10 kilómetros, que en principio serviría para ir quebrando a los aspirantes a cadete con menor preparación física, e ir filtrando el grupo hasta llevarlo a un número reducido pero con condiciones y vocación para la vida militar.

La temperatura estaba a 10 grados centígrados, y mientras los oficiales, Alférez, y cadetes pertenecientes a la escuela, estaban con monos deportivos adecuados a la temperatura, los "Nuevos" solo vestían pantaloncillos cortos color blanco, playera blanca y zapatos deportivos.

"Un…un…un, dos, tres…Un…un…un, dos, tres….En la guerra septentrional, en la guerra septentrional, la batalla se gana asiii, La Aviación, sale primero…la aviación sale primero…la Marina va después…la Marina va despuees…Los soldados van de tres…los soldados van de trees….y nosotros vamos también…y nosotros vamos tambieen…. Un…un…un, dos, tres…", de esa manera Rodolfo y el grupo de aspirantes iniciaron su preparación física, la cual sería complementada con la preparación militar, el orden cerrado, ademas de los estudios de nivel universitario que se daban a todos los cadetes.

La preparación en la Escuela Militar del país sudamericano, era comparada con la preparación de la Academia West Point de Norteamerica, de hecho varios de los compañeros de Rodolfo eran Norteamericanos, realizando intercambios de estudios militares, al igual que habían estudiantes de República Dominicana y otros tantos países de America.

Mientras los cadetes desarrollaban sus actividades, la vida proseguía en la calle y el ciudadano común comenzaba a notar como la situación empeoraba. La inflación iniciaba su escalada y los precios comenzaron a subir. Algunas empresas que apenas conocían las mieles de la bonanza comenzaban a sentir la presión de la situación económica, incluso algunas decidieron cerrar ante el desajuste que se presentaba en el mercado.

Todo este desbalance era provocado por la caída de los precios del petróleo único sustento de la Venezuela que hasta el momento se había conocido como la Venezuela Saudita. Los sectores populares con el transcurrir de los meses comenzaron a ver golpeado su presupuesto y semana a semana, mes a mes, el pópulo se fue calentando. En el año 1978 hubo elecciones Presidenciales, y el ganador Juan Guerrera, durante su quinquenio no pudo capear al temporal, y ya con un solo año de gestión que le quedaba a su quinquenio, no era mucho lo que podía hacer. Sin contar con los niveles de corrupción que habían, especialmente en su gestión.

Mientras esto ocurría en las calles de cada ciudad del País Sudamericano; dentro en las Escuelas Militares, especialmente en la Academia, se daban situaciones jamas vistas en los anales de la historia castrense del país.

La Escuela de Oficiales y la Academia Militar, están unidas por una inmensa plaza central, y a pesar de haber una marcada rivalidad por demostrar cual de las dos es mejor, existe union cuando de toma de decisiones se trata. En los pasillos de ambos recintos desde hace algunos años se había corrido la voz de que las cosas estaban cambiando desde adentro, que había un grupo liderado por un Capitan, que estaba cambiando las bases de las instituciones. De hecho siendo estudiante de la Academia por allá por 1973, se rumoraba que había sido castigado por faltas severas, al repartir en varias volantes y panfletos de forma discreta promoviendo el 'Socialismo'.

Esto fue considerado falta grave tipificada en el reglamento, por el hecho del juramento prestado al iniciar Estudios en las Escuelas, ya que uno de los requisitos para poder entrar era no pertenecer a ningún partido político, es mas se exigía ser "apolítico", para poder ser Cadete. También se conocieron capítulos en los cuales por ser amante de la oratoria, en todos los actos oficiales de la Academia Militar, dejaba escapar alguna frase de doble sentido, siempre en torno al mismo tema.

Rodolfo, con ese toque innato del Periodismo, continuo indagando y pudo conocer ademas, que varios Generales le levantaron expedientes para sus expulsión del recinto militar, y en la primera oportunidad el expediente laboriosamente estructurado con pruebas irrefutables del adoctrinamiento que estaba llevando a cabo, con sus compañeros de estudios, desapareció como por arte de magia, cuando el General a cargo lo dejó en el escritorio del Director de la Academia. Esta situación alertó y dejó entrever que el Capitán en cuestión no estaba solo, y estaba mejor apadrinado de lo que muchos creían. Como dato adicional, se enteró de que la segunda vez que al Capitán le crearon el expediente de expulsión; al ser presentado por el General que había llevado a cabo la investigación y ser entregado en las manos del Director, este lo tomó y frente al General, lo colocó en el cesto de la basura. Era demasiado tarde el efecto del adoctrinamiento de izquierda estaba enquistado al menos entre algunos Oficiales de la Academia Militar.

Durante una noche de centinela, los sentimientos en la mente del aspirante a Cadete Vega Gonzalez estaban encontrados y sintió la necesidad de hablar, preguntar y pedir consejos.

"Mi Brigadier permiso para hablar con usted", pidió Rodolfo a su compañero superior de guardia aquella noche, larga y aburrida, con la intención de aclarar algunas dudas en torno al tema del Capitán. "Dígame Vega Gonzalez, que le pasa, siente nostalgia, extraña a su familia?, porque eso es perfectamente normal", de esa manera el Brigadier rompió un poco el protocolo de respeto militar.

"Si mi Brigadier estoy un poco nostálgico y quería saber si podía conversar con usted sobre el tema. Queria saber si ha usted le habia pasado y como lo había superado?", soltó Rodolfo de manera directa, mientras su compañero de guardia aspiraba una bocanada de cigarro.

"Quiere un cigarro Vega?" .."No gracias Mi Brigadier, quiero estar en forma para el torneo de Beisbol que pronto inicia", …respondió Vega.

"Cierto que usted es uno de los lanzadores. Bueno Vega quiero serle honesto, usted es muy polifacético, y es muy apreciado en la Escuela por lo del Beisbol, y ademas pertenece a la agrupación de música, pero para estar aquí, para dedicarse toda su vida a esto es necesario que tenga vocación, y eso a veces se descubre estando aquí. Uno no está seguro antes de entrar. Ahora le pregunto; usted tiene vocación para ser militar?", el Brigadier soltó esa perla directa.

"La verdad mi Brigadier, no estoy seguro", respondió Rodolfo.

El Brigadier fue mas allá y le dijo que las cosas estaban cambiando en cierto modo en la Institución, y que ese cambio iba a representar peligro, incluso con los civiles. Son cambios que necesita el país para tomar otro rumbo. El Brigadier puso un ejemplo, para ver hasta donde llegaba su subalterno.

"Imagine que en este momento sus padres se están acercando a la Escuela Militar portando armas y bombas para atacar la sede y destruirla. Usted que haría ?"….hubo un silencio sepulcral como si el tiempo se hubiera detenido. Luego Rodolfo en tono ansioso respondió, "Yo los detendría. Me acercaría a ellos y les convencería de cambiar de parecer"….El Brigadier le dijo a Rodolfo," Sabe que Vega, le recomiendo que pida la baja, porque su respuesta debió ser, disparar hasta aniquilar el objetivo, aun cuando en este caso ese objetivo sean sus padres".

Esas palabras transformadas en consejo fueron una especie de "click". De allí en adelante Rodolfo vió las cosas de manera diferente, esa conversación le había sido de mucha ayuda y entendió que esa no era su vocación, pero ademas ató cabos y entendió que algo se estaba moviendo que no se veía y tal vez no lo entendía bien por sus escasos 17 años y poca experiencia en la vida.

Si en algún momento Rodolfo llegaba a pedir la baja, porque consideraba que no estaba preparado para ese mundo, primero debía demostrar que pese a su corta edad podía obtener la daga que se otorga en el primer año y que le certificaría como Cadete de la República Sudamericana, por lo que tomó su estadía como un período para conocer mejor lo que estaba sucediendo debajo del piso de la Institución.

"Nuevo, deténgase…..le dije que se detuviera", le gritó a la distancia un Cadete de Segundo año a Rodolfo quien estaba detenido frente a la maquina dispensadora de refrescos. A los aspirantes a cadete se les tenía prohibido consumir dulces a deshora, y Rodolfo quien se había detenido frente a una de estas maquinas, nerviosamente esperando la lata de refresco, literalmente voló con la lata en la mano cuando esta salió, y la persecución fue sin cuartel. Corriendo por todos los pasillos y resbalando en cada cruce evadiendo a su perseguidor, ya que se encontraban con zapatos de faena dispuestos entrar a clases.

Por un momento Rodolfo pensó haber escapado porque se escabulló y entro a su aula de clases sin ser visto, pero su perseguidor entró en todas las aulas buscando a su víctima, hasta que por el jadeo de la respiración lo encontró y le dijo,

"Mire nuevo, cuando le hable usted vuela hacia mi, no en sentido contrario. Ahora como castigo me presentará esta lata de refresco cada vez que se lo pida", y acto seguido firmó la lata de aluminio con una llave, de tal manera que no había escapatoria. Rodolfo no podía tomarse el refresco; y que peor castigo que ese para un joven cadete en plena fase de preparación, cuando la demanda de glucosa era tan alta. Una semana mas tarde

Rodolfo destapó la lata y se la tomó, asumiendo lo que ello hubiera podido representar.

Rodolfo seguía curioseando sobre ese Capitán que admiraba el Socialismo, hasta que en una conversación del grupo de cadetes de segundo año, quienes tenían mayor soltura y confianza por el rango alcanzado, contaron una historia que le permitió a los presentes entender un poco mas de que se trataba, contaron que en la familia del Capitán habían activistas políticos de izquierda, y que la entrada del Capitan a la Academia fue planificada porque el nivel intelectual del Capitan no era muy alto y la única manera de abrirle las puertas era a través del deporte, ya que una vez dentro con el carisma que tenia sería fácil ir logrando posiciones, y así fue.

El Papá del Capitan, habia sido un político integral, de los buenos, porque se había pasado por toda la cartilla de Partidos políticos de la República, desde los de derecha hasta los de izquierda, tal como lo han hecho la mayoría de los políticos del país, se acomodan donde sacan mejores dividendos.

"Armando, pero me entere que el Capitán hace unos meses creó un grupo cerrado, es decir como un club de amigos o algo así", preguntó Rodolfo a uno de sus compañeros con cierto temor porque ese punto era un tema tabú. Pero como estaban entre amigos bastante relajados, quienes conocían el tema miraron alrededor y como diciendo para sus adentros, bueno pero si el grupo esta tratando de crecer debemos abrirnos un poco.

"En efecto", respondió Armando, " El Capitan viene formando un Movimiento desde hace algunos años, solo que ya no se puede mantener totalmente en secreto, ha crecido mucho. El Grupo de llama MBR2000, es decir Movimiento Bolivariano Revolucionario 2000, cuya finalidad era participar en el acontecer del país. Mi Papá que es conductor de camionetica, me ha dicho en infinidad de ocasiones que es imposible vivir así, que ya el dinero no alcanza para nada porque la corrupción esta de moño suelto".

Proseguía contando Armando,"El tema de todos los días en las rutas que hace mi papá es el mismo, la gente descontenta, el pueblo esta arrecho, porque mientras la gente pasa necesidad, los políticos se la mantienen bebiendo whisky en las barras de los restaurantes, con la plata de la gente, y en este gobierno de juan Guerrera es peor. Imagínate que mi Papa dice que apenas le alcanza para comprar diablitos, cheez Whiz, granos, caraotas, y carne de cuarta categoría, en verdad ya no se puede". Armando explicó mas o menos como era la vida de su Papá, un típico habitante de la Capital de la República Sudamericana. Y hacía hincapié, porque muchos de sus compañeros, por no decir todos, eran del interior y 2 eran de República Dominicana, que estaban en la Escuela por intercambio de Academias.

"Entonces mi Capitan esta harto de eso, porque él sufrió mucho cuando era pequeño en el sentido económico", enfatizó Armando, y en ese momento Rodolfo no se pudo callar y comentó: "Ustedes sabían que al Capitan estuvieron a punto de expulsarlo 2 veces cuando era estudiante?", Y tu como sabes eso, respondió Jesús, un poco mayor que el resto, pero de 2do año, y quien hasta el momento había permanecido callado.

" Bueno, indagando y preguntando, porque si estoy aquí debo saber donde estoy parado". "Lo pescaron repartiendo volantes con ideas de izquierda, lemas socialistas de esos que uno lee y ve en las universidades". Saltó rápido Roberto, "Carajo mírame al nuevo, salió averiguador, vente para acá, hazme 50 flexiones de pecho, pero ya!. Te lo gnaste por metido. Y no vuelvas a repetir eso, me escuchaste?", " Si mi Cadete", respondió Rodolfo, entre flexión y flexión.

A raíz de esa reunión que tuvo Rodolfo con sus compañeros de pelotón, analíticamente comienza a atar cabos sueltos en relación a que algo se estaba estructurando. Quien no sabia nada posiblemente no   percibiría nada, porque todo siempre se mantuvo callado, pero quienes conocían el tema del Capitan sabían cuando se murmuraba porque al pasar quien estaba hablando del punto hacia silencio, o las conversaciones terminaban repentinamente. Pero como Rodolfo había decidido que esa no era la vida que quería, no le prestaba mucha atención al tema.

Rodolfo diariamente esperaba ansioso las horas de reunión con sus compañeros de pelotón y escuadra, ya fuera en las practicas de orden cerrado, en las cuales por cierto Rodolfo era un verdadero campeón redoblando paso, o en las practicas deportivas, los ensayos del grupo de música y las Clases de Ciencias y Artes militares. Esos eran los momentos en los cuales día a día se iba enterando de lo que se organizaba.

Capitulo 4

Luego de tres largos meses haciendo el curso, de ingreso o periodo propedéutico, al fin llego el momento tan esperado. El Acto de entrega de la 'Daga', y el primer ascenso, de Aspirante a Cadete, a Cadete de la República Sudamericana.

Al acto se presentaron familiares y amigos de los 240 "Nuevos", como se les conoce a los recién llegados. Es un termino que se utiliza en tono despectivo, pero que para nada molesta a esa legión de jóvenes, ya que son la crema y nata de cada generación del país .

"Estoy feliz por haber logrado esta meta, pero lo mas grande será la fiesta de este fin de semana", grito Rodolfo a sus compañeros, cuyo comentario no era exclusivo de él ya que todos querían tomarse unas copas luego de tanto tiempo sin alcohol. En palabras mas, o palabras menos, era el sentir de todos esos muchachos que en ese momento iniciaban una nueva etapa de sus vidas.

"Rodolfo…Rodolfo" !! le grito alguien y cuando volteó atendiendo el llamado se dio cuanta que eran Don Roberto con Doña Maria, quienes habían viajado desde el interior para ver el inolvidable acto.

"Papa ! Mama! Dios que alegría, no pude verlos antes del acto, porque es como una especie tradición. Nadie puede ver a sus amigos o familiares antes del recibimiento de la 'Daga'. Como están?", y se fundieron en un abrazo, que estuvo lleno de alegría y orgullo, sobre todo por la corta edad de Rodolfo, en este caso eso tenia un reconocimiento mayor.

"Papa, cuando llegaron, donde se están quedando?", preguntó Rodolfo, todo excitado, ya que al parecer los compañeros tenían una reunión especial con algunas chicas, y no se la quería perder. "Bueno Roberto estamos bien, llegamos a casa de Elizabeth y Amilcar, quienes gentilmente nos permitieron estar el fin de semana con ellos, pero ya el lunes estamos de vuelta, recuerda que tengo mucho trabajo y tu Mamá no esta para quedarse sola en la capital", respondió Don Roberto, quien pese a estar separado de Doña Maria se le llevaban a la perfección.

"Tengo una idea Papá, me reúno con los muchachos, me escabullo lo antes posible y luego podemos salir a comer y compartir el domingo, visitando diferentes lugares, que te parece?", dijo Rodolfo. Don Roberto asintió con su cabeza gustosamente porque en realidad estaba super agotado, y un descanso les haría muy bien.

"Ve hijo disfruta mucho te lo mereces. Estamos muy contentos de esta meta que has logrado", y con un abrazo se despidieron, no sin antes soltar un par de lagrimas de emoción y orgullo.

Aquel domingo era especial para Rodolfo, tenia tres meses que no veía a sus padres, y eso no era habitual. Vivía con su mama y veía a su padre al menos una vez cada 15 días. Por ello los momentos eran emotivos. Rodolfo lo primero que le dijo a sus Padres fue que no podía ir en torno a ciertos sectores, no solo por su peligrosidad, sino porque ademas sentían recelo de los Cadetes, y ademas podían robarle la Daga, un elemento emblemático y que debían proteger a toda costa. Por eso lo mejor que hicieron fue ir a un Centro Comercial del Este, y allí almorzaron, comieron helado, caminaron, y luego vieron una película del Agente 007, era el estreno de 'Octopus', con Roger Moore, y Rodolfo moría por este tipo de films.

Ya cayendo la noche, Rodolfo les comentó que debían retornar porque se acercaba la hora de su entrada y eso era sagrado, cualquier retardo le podría costar su próxima pernocta o salida, y con eso no se jugaba.

"Papá gracias por venir a la toma de mi Daga, Mamá te voy a extrañar", y en ese momento rompió a llorar Doña María, pero de inmediato se contuvo para no esparcir su evidente tristeza en el ambiente. "Hijo mío que Dios te proteja y mantenga alejado de los peligros, nos vemos pronto". Rodolfo esbozando una leve sonrisa, les dijo, "Cuídense los quiero mucho", y poco a poco se fue alejando por el pasillo de entrada a la Escuela.

Una vez en la Escuela, Rodolfo volteó veloz y disimuladamente por encima del hombro, para dar un último vistazo a sus padres, pero ya no se encontraban al alcance de su vista. Después de este fin de semana, en el cual por momentos tuvo su habitual vida, parece que todo iba a ser mas difícil, sin embargo no quería marcharse sin conocer que estaba sucediendo, de manera silenciosa y lenta debajo de la plataforma militar de la cual ya formaba parte.

"Sa—ludo mi Alférez, permiso para hablar con usted !", con el respectivo protocolo militar Rodolfo pidió hablar con su comandante de pelotón, en medio de una guardia nocturna de último turno, que realizaban en el hall central de la escuela.

"Diga Cadete, continue", respondió su Alférez.

"Mi Alférez, quería comentarle que he estado escuchando algunos compañeros, por casualidad hablar de temas un poco delicados, pero cuando llego hacen silencio como ocultando algo, y quisiera saber de que se trata, porque ahora soy parte de esta escuela y necesito sentirme integrado. Yo imagino de que se trata pero quisiera estar seguro". Con esto el Cadete Vega abrió la consulta con su Alférez, y quizás la caja de Pandora, pero al fin de cuentas era prácticamente su tutor en la Escuela.

El Alférez Viana Atino era el Comandante del Pelotón mas importante de la Escuela, ese pelotón al cual por obra del destino pertenecía el Cadete Rodolfo Vega. No por casualidad suceden las cosas. El Pelotón se alojaba en el Primer dormitorio, el mismo que estaba frente al Patio Central, el mismo que debía estar listo para cualquier contingencia de emergencia. Ese que visitaban los Presidentes, Diplomáticos y Directores de todas las Escuelas Militares del mundo. Por lo tanto era un grupo muy cohesionado. Aparte de todo por la personalidad de ambos, tanto del Alférez Viana Atino, como del Cadete Rodolfo, se la llevaban bien. Bueno a excepción de un pequeño incidente una mañana mientras realizaban los ejercicios matutinos, cuando al Cadete Rodolfo se le ocurrió desplazar en la carrera libre a su Alférez. Luego de eso al Cadete no le quedaron mas ganas, porque la 'mierdera' que le metieron no fue normal. Sin embargo ahora tenían una relación amigable, pese a la diferencia de grado militar.

"Vega, para que quiere saber mas de la cuenta, mejor quédese tranquilo, usted es muy chamo para enterarse de nada. Mas adelante será otra historia", fueron las palabras de Viana Atino en tono de consejo para su subalterno. En ese momento Rodolfo dijo: " Es decir que aquí todos mis compañeros saben mas de la cuenta". profirió el Cadete Rodolfo Vega en un tono algo altanero que no dejó lugar a comentario, porque era la verdad, muy pocos, por no decir el único que no sabia lo que ocurría era él. En el ambiente reinó por unos minutos el silencio.

"Esta bien Cadete Vega a partir de este momento ha comprometido su vida. Le voy a contar de que se trata". Y encendiendo un cigarro, el Alférez Viana Atino se sentó a hablar con el impetuoso Cadete Rodolfo Vega.

Los sábados eran sagrados para los cadetes, pero en especial para los Alférez quienes habitualmente tenían pernocta, es decir podían dormir fuera del recinto de la Escuela, mientras que los cadetes debían regresar a cierta hora, pero al siguiente día podían, si tenían el permiso, salir de nuevo. Esa era la norma, salvo algunas excepciones.

Por los altavoces temprano en la mañana llamaron a los Alférez del Primer dormitorio. Es decir al Alférez Mayor, y el Alférez Auxiliar. Les informaron que había una visita sorpresa del Comandante General de la Marina, y obviamente eso implicada visita al Primer dormitorio. De inmediato todo se transformo y se tensó porque el Cuarto debía estar impecable, reluciente, brillante, y hablando en términos militares, eso significaba que el orgullo de la Escuela que era el Primer Dormitorio, bebía estar 'perfecto' porque la inspección iba a ser minuciosa.

Se realizó una ultima revisión y se verificó que todo estuviera en orden y extremadamente brillante, los zapatos de cada integrante limpios hasta en la suela, cortinas alineadas a la perfección, luces completas y alineadas, estantes de ropa completamente arreglados por dentro, limpios por fuera y bien cerrados, camas absolutamente estiradas. Y para ser honestos no había novedad.

Llegada la hora todos se colocaron al frente de cada pieza dentro del Primer dormitorio. "Atencion Firme", soltó con fuerza el Comandante del Cuerpo de Cadetes. Y en ese instante como de manera arrogante y osada, se coloco un guantes blanco en su mano derecha para tocar y hacer el recorrido correspondiente durante la Revista. Todos los cadetes, sin excepción tragaron grueso y cerraron los ojos como rogando a Dios que todo estuviera bien y que el Comandante del Cuerpo de Cadetes no se excediera en su arrogancia con el Comandante General de la Marina.

Todo iba de maravilla, hasta que el recorrido se detuvo en la Novena pieza derecha, justo en el cubículo al cual pertenecía el Cadete Rodolfo Vega, con un Alférez, un Brigadier de 2do año y un Cadete de 3ro. Justo allí entro el grupo de visitantes, dialogando alardeando sobre la pulcritud del "Primer Dormitorio" y luego de pasear el guante blanco por diversas áreas como la cama, por encima y por debajo, el lavamanos, zapatos, piso; Al comandante del Cuerpo de Cadetes se le ocurrió pasar la mano enguantada encima del estante de madera que cumplía la función de armario, y tenuemente había una tela de araña casi imperceptible.

Todo continuó. Terminaron el recorrido y cuando todos se habían marchado, el Comandante del Cuerpo de Cadetes, regreso al Dormitorio y dijo con voz firme. "Los Alférez de este dormitorio no tienen pernocta este fin de semana. Luego de eso hubo una destrucción absoluta del personal del dormitorio, incluyendo al Cadete Rodolfo Vega.

Luego de un par de semanas, las cosas volvieron a la normalidad. Los Alférez en su pernocta y los Cadetes con sus sábados y domingos de salida. Rodolfo no conocía mucha gente en la capital, por lo que sus salida las hacía para casa de unos amigos quienes eran originarios la ciudad donde él había nacido.

"Amilcar como te va, teníamos ya varias semanas sin vernos", le dice Rodolfo al tiempo de darle un abrazo.

"Hoy salen perros calientes con papitas", contesto Amilcar con igual alegría y diciéndole ademas que también podían visitar a un par de amigas que seguro les iban a gustar. Rodolfo le dijo que mas bien quería conversar un rato con él, que había algo importante que quería decirle y no podía esperar.

Ante la seriedad que mostraba Rodolfo, no se pudo negar y solo le pidió unos minutos para llamar a sus amigas para disculparse y decirles que no iban a poder salir ese sábado. A su vez les pregunto que si al siguiente día no tenían compromiso, que se llamaban para coordinar cualquier salida a comer.

"Amilcar, hermano. Creo que estoy metido en líos", Mirando hacia abajo Rodolfo pronunció estas palabras que fueron matizadas con un dejo de nerviosismo.

"Que hiciste Rodolfo, mira que te conozco y sé lo volátil que eres. Cuéntame que ocurrió para que tu, tan alegre y jovial estes así", Amilcar lo fustigó para que le contara con detalle lo que pasaba.

Rodolfo comenzó contándole los pormenores de esos tres largos meses que pasó encerrado en la Escuela, detalles físicos estudios, orden cerrado, anécdotas. Luego le habló de las guardias nocturnas que hacia, y en las cuales aprendió a fumar. Le menciono la prueba de fuego que le puso su Brigadier en relación a matar a sus padres si era necesario, le contó también como se enteró accidentalmente de lo del 'Capitan' y el movimiento que estaba creado y finalmente le dijo lo relativo a la conversación con el Alférez Viana Atino y todo lo que le dijo. En medio del resumen que Rodolfo le hacia a Amilcar, de pronto cayó en cuenta de que su Alférez Viana Atino lo había amenazado de muerte.

"Coño pero si prácticamente Viana Atino me amenazó de muerte y no lo había procesado sino hasta ahora que te lo cuento", salto de la silla Rodolfo quien estaba pálido, por el trance que estaba pasando. Amilcar le pregunto, "Rodolfo porque dices esa barbaridad, creo que estas extremando las cosas. Nadie en su sano juicio va a amenazar a alguien así no mas".

Amilcar al momento que le hablaba al nervioso Rodolfo, iba al refrigerador a traerle un vaso con agua, para tratar de calmarlo.

Rodolfo estaba con la mirada fija, como escudriñando en sus recuerdos cualquier palabra o quizás un gesto que le permitiera justificar que estaba equivocado en su apreciación. Pero fue en vano. mientras mas recordaba el momento de la conversación, mas confirmaba que estaba metido en tremendo problema.

No pasó mucho tiempo, después de la conversación, cuando Rodolfo salió del departamento de Amilcar, extremadamente nervioso y en el trayecto hacia la Escuela se pasó la película mental de su conversación con Viana Atino.

"Cadete Vega le voy a contar todo para que no se sienta excluido, pero vea que esta comprometiendo su vida", esas palabras retumbaban en la mente de Rodolfo. El Alférez inicio su relato: "Cadete Vega, el Capitan, es producto de un plan que se viene gestado desde hace mucho tiempo. Originalmente la idea era que el hermano del Capitán, quien es mucho mas inteligente, ingresara a la Academia, para desarrollar el plan que desde hace mucho se viene proyectando. Pero lamentablemente no se pudo lograr por las deficiencias físicas de Alan. El Profesor es un estadista, alguien mejor preparado y mas inteligente, pero fue rechazado en los exámenes de ingreso". Rodolfo tenía los cinco sentidos puestos en su Alférez escuchando absolutamente todo. Viana Atino continuó su relato.

"Fue entonces cuando voltearon hacia Lugo, el hermano menor del Profesor, y se pensó en él por varios motivos. El principal era que Lugo era un deportista, y ademas tenia un enorme carisma lo cual hizo atractiva la idea. El resto se podía llenar con lectura. Los libros lo contiene todo, en especial los de Socialismo", En ese momento el Cadete Vega mostró sorpresa y esto alerto al Alférez. El momento se llenó de tensión, pero a esas alturas ya todo estaba consumado, por lo que Viana Atino continuó.

"Hace unos meses uno de nuestros cadetes lamentablemente falleció a manos del hampa por haberse acercado a las zonas de la Capital prohibidas por nuestra escuela. Al parecer conoció a una chica y ella vivía en una de las zonas de peligro para nosotros, pero no hizo caso y le quitaron la vida para asaltarlo". Era lamentable, aun cuando hacia una semana había solicitado irse de baja, por asuntos familiares.", En ese momento Rodolfo cayó en cuenta que el conductor del Taxi le estaba pidiendo le pagara porque habían llegado a la garita de entrada a la Escuela.

"Muerte de un cadete…. y si no fue un robo?, y si quería irse de baja y no lo dejaron por saber mucho?". La cabeza al Cadete Vega no paraba de girarle. Sentía temor, angustia, ansiedad, rabia, debía hacer algo, porque de a poco iba mermando su capacidad de análisis objetivo, producto de su miedo y ansiedad.

"Ya se lo que haré, solo espero que no ocurra nada antes de irme de la Escuela", pensó en voz baja y comenzó a tramar lo que tenía en mente.

Lo primero fue pensar en todo lo que había hablado con el alférez en relación a ese grupo que se había creado y con el cual lo había involucrado diciéndole que había comprometido su vida y que de ahora en adelante apenas conociendo la información ya pertenecía ese grupo y esa situación le podía acarrear consecuencias.

Después pensó en lo que dijo Amilcar: "Rodolfo no te puedo decir que es lo que debes hacer, pero pienso que debes sacrificar lo que estas haciendo y desaparecer. Debes buscar la manera de desaparecer, porque te pueden hacer daño". y recordando lo que le había dicho su amigo y en señal de resequedad por el nerviosismo, se pasó la lengua por los labios.

De hecho el consejo de Amilcar fue muy oportuno porque según la intuición de Rodolfo, desde hacia algunos días lo estaban vigilando. Sentía que alguien lo observaba ante cualquier movimiento que hacía. Si iba al casino, le seguía un grupo, si se acercaba a intendencia, también notaba lo mismo. Fue tanta la sensación que decidió estar solo la menor cantidad de tiempo posible, evitando un posible ataque sobre su persona. Se había puesto paranoico.

Una de las cosas que le tranquilizó un poco fue que él en ningún momento le dijo a nadie su intención de solicitar la baja de la fuerza. Aquella decisión que tomo luego de hablar con el Brigadier en la cual le dijo que tenía que disparar a matar de ese momento si su Padre o su Madre se acercaban por el patio central de la Escuela a atacar el cuartel. Desde ese momento las cosas cambiaron para él y ya nada fue lo mismo, pensaba que el sacrificio que estaba haciendo al estar ahí para desarrollar una carrera y con la cual poder vivir, no se justificaba porque su escala de valores era totalmente diversa. En su orden de prioridades primero estaba Dios después sus padres después la familia y lo que ofrecía la vida militar, o al menos lo que pretendían inculcarle no era lo que él esperaba.

Cinco de la mañana, (sonido de Diana) !!!!!....
Todos dando carreras para estar listos en el Patio Central para la salida al trote diario. Por lo general los Cadetes bajo la sabana cada uno con linterna adelantaba el proceso de prepararse para la Diana. Linterna en boca cada uno se iba endosando los pantaloncillos cortos y el jersey blanco, cuando

ya previamente se habían aseado la cara y enjuagado la boca, solo quedando pendiente calzar los zapatos deportivos, para salir corriendo al sitio de formación.

"Atencion Firmmmmm" …..Les habla el Alférez del pelotón Viana Atino".… y de esa manera comenzó el corto discurso matutino, para luego en la oscuridad que precede al amanecer salir a campo abierto para la preparación Física. Ese día ocurriría un incidente que fue aprovechado por el cadete Vega a la perfección para su plan de salir del embrollo.

"Un…un…un, dos, tres…Un…un…un, dos, tres….".

Y así iniciaba el recorrido. Con todos los pelotones ordenadamente saliendo rumbo al cerro el tigre, llamado así por la dificultad que representaba subirlo al trote o caminando. Todos los días en cada salida a entrenar los pelotones realizaban competencias, para remarcar cual de los pelotones era el mas rápido, el mejor preparado y por ende el pelotón líder, y siempre en el último tramo se enfrascaban en una carrera de velocidad en la cual el representante del pelotón que llegara primero durante el día, merecería el respeto del resto. En aquella jornada hubo un empuje mas acentuado de lo habitual, y en una curva se encontraron los 3 pelotones en descenso a una altura aproximada de 50 metros sobre el nivel de la planicie.

En aquel momento, el Cadete Vega quien media casi un metro 90 centímetros, con enormes zancadas recibió el visto bueno de su Alférez, y apretando el paso pudo meterse delante con los otros pelotones, hasta que en un momento sintió un golpe en la parte superior de su espalda. Una especie de empujón.

Acto seguido Vega rodaba cuesta abajo, dando vueltas sobre su tórax para posteriormente caer por el precipicio cuyo fondo eran unos frondosos arboles.

El resto de los cadetes comenzó a gritar pidiendo ayuda, y se inicio la búsqueda del cadete herido. Luego de llamar por radio frecuencia súbitamente llegó un helicóptero de rescate con varios paramédicos, algunos de los cuales descendieron sobre los arbustos. No habían rastros del Cadete Vega. Los Alférez estaban que enloquecían porque los cadetes de años inferiores eran su responsabilidad. Ademas qué justificación iban a dar en relación a la competencia de pelotones. Se creó tamaño problema en la Escuela de Oficiales.

Luego de transcurrida aproximadamente media hora, con mayor cantidad de luz cuando despuntaba el amanecer uno de los paramédicos comenzó a gritar diciendo que había divisado el cuerpo del Cadete ensangrentado. Cuando se acercó comprobó que estaba herido pero estable. Llamaron al Helicóptero y le dieron la ubicación precisa, mediante una bengala. Acto seguido una cesta de Primeros Auxilios sacó del barranco al Cadete y fue transportado al Hospital Militar.

El diagnostico que arrojo la revisión medica fue Traumatismo leve de Craneo, fractura de una costilla del lado derecho, y desplazamiento de una vértebra en la región lumbar, por lo cual el Cadete tuvo reposo durante varias semanas recuperándose de las heridas que había sufrido. Nunca se supo quien lo empujó, nunca se supo quien quiso asesinarlo. Lo que si se supo fue que algunos cadetes se dieron cuenta que deseaba solicitar la baja.

Durante los días sucesivos, el Cadete Vega, debido a la gravedad del caso fue visitado por el Sub-Director de la Escuela. Luego de una conversación acerca del origen del Cadete ambos se dieron cuenta que el Sub-Director era amigo de muchos años de Don Roberto el Papá de Rodolfo y habían crecido en ;la misma barriada. En ese momento Rodolfo aprovecho el nexo del cual ambos hicieron referencia y le pidió personalmente la baja diciendo que ya no deseaba continuar en la Escuela. Este hecho sumado a la lesión de columna que había sufrido el Cadete, fue suficiente argumento para darle la licencia de retiro de la escuela de oficiales. En menos de una semana Rodolfo Vega, habiendo entregado la Daga de Cadete, había recibido su baja militar y había salido del país con rumbo desconocido.

Capitulo 5

1988

Doña Maria y Don Roberto no veían el momento de ver y abrazar a Rodolfo, quien hace un año había partido a los Estados Unidos, con el argumento de realizar estudios de Ingles, pero en realidad se había ido escapando de la situación que tuvo que enfrentar durante su estadía en la Escuela de Oficiales. Sin embargo todos juraron no mencionar más ese capítulo en la vida de la familia. A los amigos y allegados se les dijo sencillamente que la carrera militar había finalizado a raíz de las lesiones de espalda de Rodolfo, de las cuales por cierto estaba completamente recuperado. El desplazamiento de la vértebra lumbar se había corregido con lo cual estaba listo para emprender una nueva fase de su vida.

"Papá, Mamá…por acá….". Por el pasillo se acercaba Rodolfo con un semblante mas maduro y considerablemente mas subido de peso. "Hijo cuanto gusto", le dijo su madre y en un abrazo largo y profundo quedaron en medio del pasillo por un buen rato. Salieron rápidamente del Aeropuerto, para dirigirse a casa, a descansar porque el viaje desde Los Angeles había sido algo atropellado, sin contar las horas de diferencia, que por supuesto alteran el ritmo biológico.

Al llegar a casa Rodolfo no aguantó su ansiedad y como era de esperarse, de inmediato le comunicó a su Padre su decisión irrevocable de estudiar Periodismo, con o sin su ayuda, a lo cual Don Roberto respondió que eso era decisión suya, y que cualquier tropiezo o cambio de planes serían de su única responsabilidad.

"Yo no lo voy a impedir, porque al fin y al cabo, cada quien hace lo que le parece y estas bastante crecido como para que me vaya a oponer o pretenda impedirlo, pero conmigo no cuentes". Esas palabras tan fuertes y profundas, fueron asumidas por Rodolfo de manera madura, y como si su significado hubiese sido un 'Si lo acepto'. Para él era la primera de muchas metas que durante el transcurso de su carrera cumpliría.

Como la Escuela de Comunicacion Social era su objetivo mas cercano, de inmediato procesó todo para iniciar una Laurea Magistral en Ciencias de la Comunicacion, con lo cual dió rienda suelta a sus sueños contenidos en su ADN.

Mientras esto ocurría con la vida personal de Rodolfo Vega, el país Sudamericano continuaba tenso. Rumores, algunas protestas y con algunos políticos de oficio que nunca faltaban, tirándole leña al fuego. Las elecciones de Diciembre del año 1988, serían una válvula que el pueblo estaba esperando para canalizar tantas presiones. Se venía de un par de períodos presidenciales desastrosos, en los cuales hubo una estrepitosa devaluación y por consiguiente control de cambio, y en el otro, mas bien o en los dos quinquenios, una corrupción sin precedentes en el país. La inflación durante el año de elecciones se ubicaba en el 35 por ciento, cinco puntos por debajo del año '87. Sin embargo la situación mantenía un clima de inestabilidad.

Todo daba a entender que el vencedor de la contienda seria CAP, Castor Arturo Penso, y en efecto logró la victoria con lo cual por segunda vez era Presidente de la República Suramericana. CAP había vencido al Gato Hernandez con el 52 por ciento de los votos y el pueblo celebraba esa victoria porque CAP en su primer periodo había hecho una buena gestión, obviamente apoyado en los precios del Petroleo los cuales en la época estuvieron al tope máximo, debido a que la Opep decidió no vender mas petróleo a los países que apoyaron a Israel en la Guerra de Yom Kipur, por lo que el barril paso de costar 1 dólar con 62 centimos, a valer 9 dólares con 31 céntimos, es decir tuvo una subida del 475 por ciento, y esto lo aprovechó CAP en su primera gestión.

Sin embargo otra era la historia en esta ocasión, ya que la caída de los precios del petróleo había provocado una crisis de precios en los productos y una inflación desmesurada, que ademas fue aderezada por la corrupción, deviniendo en una gran crisis social. Para colmo de males, había un personaje como Lobo al acecho, quien estaba al tanto de como se movía el mundo, y seguía con sus intenciones de ponerle mano al Pais Sudamericano, y ese no era otro que el Comandante de la Isla del Caribe.

"Viva Castor Arturo Penso…..que viva CAP", eran los vítores que se escuchaban retumbando en cada rincón de la geografía del país Sudamericano. CAP era la tabla de salvación del pueblo el cual recordando su primer mandato, celebraba en las calles con exagerada alegría. Jóvenes en caravanas, con música, en los bares de la Capital era una fiesta continuada. Las actividades de cualquier genero se realizaban en honor al hombre que en su primer mandato guió con buena mano al país, creando fuentes de empleo, y nacionalizando el Petroleo en 1976. CAP ademas era un hombre con mucha suerte, por lo menos hasta aquel entonces.

Un punto importante, preocupante y sobre el cual los representantes de la vida activa nacional coincidían, era el peligro que representaba que CAP hubiera logrado esa victoria utilizando el argumento 'populista', ese que utilizan los políticos de oficio ofreciendo de todo para ganar las masas y después verse imposibilitado de cumplir, sea porque el resto de los poderes del Gobierno no le da carta blanca, o porque simplemente los recursos económicos de los cuales dispone una nación no se lo permite. * Este ultimo iba a ser el caso por el cual CAP fue sacrificado por el sistema de gobierno de la República.

"Mi Coronel han llegado los vuelos 11457 y 11458 proveniente de la Isla con la comitiva del Presidente Comandante de la Isla. Ambos vuelos vienen con acompañamiento de alrededor de 300 personas", Ese fue el mensaje vía radio transmisor que emitió el Director de Protocolo de la Base Aerea Libertador, para el Coronel Sebastian Fernandez Director de la Base, y encargado de recibir a los Presidentes que habían sido invitados a la toma de posesión del recién electo Presidente de la República Sudamericana aquel 2 de febrero.

"Director, pero es un numero exagerado de acompañantes el que trae la delegación de la Isla", comentó preocupado el Coronel, ya que no se esperaban un grupo tan grande. "Vea a ver como resuelve, y hágalo rápido porque eso complica la situación", finalizo diciendo el Coronel.

Este hecho iba a ser trascendental en la vida de la nación. El Comandante de la Isla siempre hacia lo que se le daba en gana, y ademas lo hacía con una arrogancia que alteraba la tranquilidad de cualquier anfitrión. pero esta vez planificaron un golpe certero a la tranquilidad de la vida nacional en la República Sudamericana.

El exagerado numero de acompañantes, es decir 300 con el pretexto de que era personal de seguridad, fue calculado con toda la intención, toda vez que debido al ceremonial y protocolo, y a la falta de tiempo para procesar todo debido a la sorpresa, el personal de la Base Aerea, no pudo revisar los equipajes de los 300 acompañantes del Comandante, dandole luz verde a la delegación para que ingresara a territorio nacional por una orden superior y así agilizar el ingreso y por consiguiente no hacer esperar a las otras delegaciones que estaba en cola en la zona de taxeo de la pista. Los miembros de la Isla sabían que iba a ser de esa manera por lo que pudieron introducir mas de 300 armas largas y municiones en los equipajes, cuyo objetivo era hacerlas llegar a la fuerzas rebeldes que estaban organizadas en la Sierra Andina y sería el material bélico a utilizar en el primer intento de insurrección en el país Sudamericano, llamado el 'Carajazo'.

"Comandante"……susurro al oído, "ya las armas están dentro y a buen resguardo", uno de los edecanes le había comunicado al líder de la Isla que todo estaba en orden y tranquilo.

Desde su llegada al poder en 1959, luego de bajar de la Sierra Isleña, el Comandante había querido expandir su poder y su influencia, hablando en términos del area del Caribe, solo que la falta de recursos se lo impedía. Ésta fue la causa por la cual desde el principio se interesó en el petróleo y las riquezas de la nación Sudamericana. Hubo no menos de 7 intentos de invasión por la fuerza, con las armas, con estrategias de campo o a través de las Artes Militares, pero nunca pudo cristalizar su objetivo.

Para el Comandante era vital fusionar su proyecto con el país mas rico del aérea, visto que la Union de Paises Comunistas le estaba, de a poco, retirando el apoyo económico que hasta entonces le había brindado. La única manera de mantener su expansión Comunista era mediante la invasión a un país rico y el que estaba a la mano era ese, el rey del petróleo en el Caribe.

La mañana del 27 de Febrero de 1989 se encendió la chispa de las protestas en una Nación que hacia mucho no vivía ese tipo de episodios. Según las investigaciones la actitud de los pobladores de la Region de Arenas donde se inició la historia fue espontánea , pero a medida que avanzaba el día, las protestas y saqueos se expandían, se llegó a pensar que de alguna manera el acelerador de ese evento fue planificado, tomando en consideración que la historia reveló la entrada al país, solo 25 días antes, de un arsenal de armas y municiones que bien pudieron haber sido utilizados para exacerbar los ánimos y el desespero de la gente.

" Vente por aquí aquí hay carne ayúdame a levantar esta res, llámate al Jorge y al Wilker. Búscalos rápido coño vamos a llevarnos esto rápido".

Pedro era un habitante de la ciudad de Arenas, estaba desesperado porque desde hacia días no llevaba comida a su casa y sus hijos no comían completo desde hacia un buen rato. Lo mismo ocurría con el grupo de amigos entre quienes levantaron y se llevaron media res, luego de abrir por la fuerza una Carnicería de la zona. La historia era continua, parecía una película de terror pero a alta velocidad. Mientras Pedro y su grupo salían airosos de su intento, otro de los pobladores como Rafael caía herido en una pierna, producto de un disparo, ya que los dueños de los negocios estaban protegiendo sus propiedades y sus valores. Al mirar el entorno se podía ver grupos de gente corriendo algunos con enseres de cocina, otros con ropa, con alimento. La gente estaba tomando todo lo que encontraba a su paso.

Las fuerzas del orden publico trataban de contener una especie de rabia desatada, porque se sintieron engañados por el recién electo Presidente CAP. Pero como podía ser posible si había asumido el poder solo 25 dias antes. El anuncio de un paquete de leyes económicas, había provocado ese desastre? Era una interrogante que lo sociólogos no podían responder.

"Corre, corre hacia el callejón,…coño rápido viene la policía…suelta eso …que lo sueltes corre escondete", eran gritos de temor y estaban acompañados de una actitud confusa, eso ocurre cuando el cerebro irracional se apodera del racional en el ser humano.

Fueron diez días terribles los que duro el 'Carajazo' y marcaron la vida de la Nación Sudamericana. Ya nada sería igual, algo cambió para siempre en el ADN de la población.

Pero qué sucedió? Ese hombre fue electo con el 52 por ciento de los votos de en la elección! Pero ademas tuvo una gestión previa que se suponía buena, sea por el motivo que fuera. He allí el porque se piensa todavía que hubo fuerzas extrañas que aceleraron ese evento, obviamente ademas de otros factores sociológicos que tienen que ver con el argumento populista que manejo para ganar las elecciones.

Castor Arturo Penso, conocido como CAP, durante su campaña electoral ofreció como argumento de campaña la inclusión social, utilizando como plataforma su primera gestión, y claro está el trampolín que le dejaron sus dos antecesores, quienes hicieron gobiernos pésimos con desaciertos, como la devaluación de la moneda, control de cambio, y sobre todo habían sido permisivos con la corrupción, a sabiendas que el pueblo no perdona este tipo de hechos.

Pero él, Castor Arturo Penso una vez obtenida la victoria, y como recomendación de los Organismos Internacionales anunció una lista de medidas que eran completamente opuestas a las ofrecidas en su camino a la silla Presidencial, como por ejemplo aumento de todos los rubros alimenticios excepto en 14, los cuales correspondían a la cesta básica, incremento temporal de la tasa de crédito, aumento progresivo de los servicios públicos, aumento del transporte publico. Pero en contra parte un incremento del 30 por ciento de los salarios del sector público entre otros.

Sin embargo hubo dos renglones en los cuales se creó una mezcla explosiva, porque en uno le tocaba el bolsillo a las masas, cual era el aumento del precio de la gasolina hasta en un 100 por ciento. Y el segundo el mas peligroso, era la eliminación progresiva a los impuestos y aranceles de importación, con lo cual le toco el bolsillo a los grandes empresarios de la Nación Sudamericana.

Los expertos en materia económica, se preguntan si el grado de frustración social y el inestable panorama económico del país para el momento, fueron una real justificación para lo que se vivió en el 'Carajazo'. Como quiera que haya sido, esa explosión social quedó marcada como el inicio de la destrucción de la República Sudamericana, provocada por una combinación de factores externos.

Sin embargo y pese a la tragedia vivida por los habitantes de la zona metropolitana de la Capital y el sector llamado Arenas, la instauración del Paquete económico seguía en pie, de hecho y según lo planificado entro en vigencia, el 7 de Marzo. Un día antes del final de las protestas se ejecutó la liberación de precios encareciéndose los alimentos de manera súbita. Este hecho vino acompañado de otro elemento que tal vez fue lo que calmo los ánimos, ya que se emitió la orden ejecutiva para la realización de las primeras elecciones directas de Gobernadores y Alcaldes, hecho que hasta el momento no existía, ya que 'meritocraticamente' desde el Poder central estos cargos se designaban a dedo, siendo esto en muchos casos contraproducente, toda vez que en ocasiones enviaban a un oriental como Gobernador del Occidente y por consiguiente. Quizás esta decisión terminó de apaciguar los ánimos en el centro del país. Pero la destrucción ya había comenzado, no solo por el descontento de la población, sino por fuerzas externas que empujaron para tumbar el gobierno y de esta manera cambiar el sistema democrático que estaba vigente desde la caída de la Dictadura de derecha derrocada en 1958.

"Rodolfo he visto que no te sientes muy a gusto en el Periódico, que sucede tuviste algún problema?, dime entre nosotros hay confianza". Alice una de las mejores amigas de Rodolfo estaba preocupada porque lo veía melancólico y apagado. Él le respondió moviendo la cabeza de lado a lado, como tratando de revisarse a ver si existía algo fuera de lugar, pero le dijo que no.

"A lo mejor es falta de cariño", dijo Rodolfo soltando la carcajada, porque Alice era una mujer muy linda y entre ambos existía una atracción muy particular, solo que ella era un poco mayor que él, lo cual para nada era un obstáculo, pero mejor no mataban el tigre para no tenerle miedo al cuero.

"No Alice, para nada, no me ocurre nada en particular, solo que estoy un poco cansado del horario del Periódico. Tu sabes que cuando hacemos este tipo de practicas profesionales, no es mucha la consideración que nos tienen, en especial cuando apenas se esta comenzando la carrera." "Ya las guardias nocturnas me tienen cansado, ya no tengo vida social, llegar al periódico a las 5 de la tarde todos los días, excepto los lunes, y luego salir a la media noche me tiene frito", detalló Rodolfo en el comentario para ilustrar bien a la hermosa Alice.

"Sabes que? Escuche que estaba por iniciar un programa de Television, y buscan alguien joven con talento para hablar y con conocimiento de deportes", soltó de pronto Alice, logrando atraer la atención de Rodolfo, a lo cual este respondió: "Por amor a Dios, me estas describiendo. Ese mismo soy yo!, donde tengo que ir o llamar?", Rodolfo se levantó, en son de broma para ir de inmediato, como queriéndole transmitir a Alice la emoción que sentía por esa posible oportunidad.

En efecto dicho y hecho. A la siguiente semana Rodolfo se presentó en un casting para ser el moderador de un nuevo programa de noticias y variedades, y como recientemente había hecho el Curso para obtener el Certificado que le permitía hablar legalmente en los medios audiovisuales, se sentía que tenia un gran chance de hacer el grado y obtener el cargo.

La mañana del día del Casting, Rodolfo se presentó trajeado, y como siempre muy puntual. Él no sabía porque motivo desde siempre había sido puntual, era una cuestión casi que enfermiza. Quizás porque primero fue jugador de Beisbol, y el llegar tarde a un encuentro de beisbol representaba perder el juego. O quizás por el hecho de haber sido militar, en fin era obsesivo con la puntualidad.

En ese momento lo llamaron para tomar posición en la silla del Set. El personal comenzó por colocarle el micrófono Lavalliere, ese que llamaban balita, utilizado para los presentadores de estudio en Television. Luego le entregaron una especie de guion, para leer por unos cinco minutos los "Leads" o encabezados, para luego contarle en regresión e iniciar la grabación . 3…2…1… Al aire…..

La prueba no había tomado mas de quince minutos, y para ser honestos, no lo hizo bien. Es mas fue horrible. Se tranco para iniciar, luego se le traspapelo una hoja del libreto, se notaba nervioso. En resumen, dijo para sus adentros: "Al cabo que el trabajo del periódico me gusta", y salió del Recinto donde había sido realizo el casting, para tomar rumbo a sus diligencias habituales.

El destino parecía estar creando un complot para que Rodolfo lograra las metas. Su perseverancia, su preparación, su carisma, su deseo de hacer las cosas bien, por él y por su familia, confabulaba para que lograra los objetivos. Cada cosa que se proponía la lograba. Era un hacedor de sueños.

Como su origen era humilde y sencillo, más como su mamá decía jamas pobre, siempre vió el futuro con ojos de luz, de hecho en su infancia cada noche sobre el techo de su casa, pasaba horas contemplando las estrellas y pensando la forma como superarse en la vida, en base a estudios y trabajo.

"Rodolfo es increíble…como lo hiciste?, de verdad que tienes un angel. Me entere que te dieron el puesto de presentador en el nuevo programa de televisión, Felicidades !". Alice fue elocuente y le dió un inmenso abrazo para felicitarlo, solo que cuando lo soltó Rodolfo seguía en shock .
"Alice como así, que estas diciendo?", fué lo que acertó a decir Rodolfo, porque él no sabia nada. "Hay Dios mío que he hecho", dijo Alice, pensando que ya le habían informado.

Alice como buena periodista tenia muchos contactos, y en este caso como ella le recomendó a Rodolfo asistir al casting, accidentalmente se entero que lo habían seleccionado. En ese instante ambos cayeron en cuenta de lo que ocurría, cuando de repente sonó el teléfono, y era una llamada del equipo de producción del nuevo programa para decirle que había sido seleccionado. A manera de broma pero fue cierto, Rodolfo se enteró de que salió seleccionado en el casting, porque nadie mas fué a presentarlo, y como el programa debía salir al aire dentro de poco, la Productora de TV se la jugó con Rodolfo, y no se equivocó para beneplácito de los responsables.

1992

Se dice que la experiencia es la madre de las ciencias, y luego del capitulo vivido en el mes de febrero de 1992, cuando fue capturado como rehén, en lo sucesivo Rodolfo antes de salir a cubrir sus guardias como Periodista, se actualizada por todos los medios posibles, no fuera el caso que de nuevo le tocara ser rehén de otra aventura similar. Siendo un Periodista, innato, y con la pasantía efectuada en la Escuela de Oficiales, Rodolfo podía con propiedad prever lo que estaba ocurriendo. Él sabía que pasaba pero le daba terror tan siquiera asomar de nuevo las narices, en lo que se refería a ese tema. Todavía no superaba por completo el intento de asesinato del cual había sido objeto en su época de Cadete y no quería que se desempolvara ese periodo de su vida.

A estas alturas el Capitan Lugo ya no era mas Capitan, ahora era el Teniente Coronel, y obviamente encarcelado como estaba, ya Rodolfo no corría mas peligro, porque ya no había plan que develar. Pero no quería que por entrometido le sucediese de nuevo algo similar, así que mejor se quedo tranquilo. Solo conversaba del tema con Don Roberto, quien continuaba ejerciendo el Periodismo, de manera mas relajada, sin la intensidad de hace algunos años, y por eso los fines de semana había tiempo para crear una tertulia familiar a la cual se unía siempre Denny el hermano de Rodolfo y segundo hijo de Don Roberto. Al parecer lo de la atracción por el periodismo era una epidemia, porque Denny también se había dedicado a esa actividad, pero desde el aspecto gráfico. Era un Camarografo de alta factura, a quien se lo peleaban los grandes productores de televisión de la época.

ULTIMA HORA !!! NOTICIA EN DESARROLLO: 'Un grupo de Militares se encuentran atacando la sede del Palacio Presidencial y las sedes de los canales de televisión Canal 4 y VT Television Canal 8. Se estaría consumando el segundo golpe de estado en menos de 9 meses. Hasta el momento se informa de ambas sedes televisivas, han sido tomada por el grupo de insurrectos, y desde ya se habla de una gran cantidad de fallecidos y decenas de heridos. Se conoció ademas que los Aviones Bronco OV-10 que atacaron el Palacio Presidencial, fueron derribados por aeronaves F-16 de las Fuerzas Armadas. Alrededor de 500 Oficiales y Sub-Oficiales fueron arrestados por la insurrección militar, el resto de participantes se encuentran prófugos'.

Esa mañana del 27 de Noviembre de 1992, Rodolfo había sido mas previsivo, y aun cuando los hechos solo se dieron en la capital de la República, de haberse dado en el interior, hubiera podido ponerse a buen resguardo, producto del habito adquirido de actualizarse cada madrugada antes de salir a sus guardias en el Canal.

De nuevo el país mostraba las costuras de las heridas causadas por entes externos, cuya pretensión era la de adueñarse del territorio, caldo aderezado con una combinación de ingredientes internos, como la corrupción y la incapacidad de los gobiernos de turno de diversificar el potencial económico de la República Sudamericana.

La historia mas tarde confirmaría tales elucubraciones.

Los fines de semana en casa de Denny o de Rodolfo era muy frecuente formar esas tertulias y escucharlos a los tres hablar de diferentes tópicos, en especial el deportivo, el cual era un punto en común que tenían. Un fanatismo prácticamente religioso en torno al Beisbol, una pasión particular desde toda la vida.

"Papa te provoca una o un roncito?", preguntaba frecuentemente Rodolfo a Don Roberto, quien era amante del Ron y del Cocuy de Penca, una bebida típica de los climas áridos, ya que la planta con la que se elabora se da en esas regiones. Ademas es de fabricación casera o artesanal, por lo cual era un poco difícil de encontrar.

Denny y Rodolfo, preferían mas la cerveza para refrescarse mientras esperaban la comida en esas reuniones familiares. De esa forma era como expresaban su unión familiar los Vega e igual hacía cada familia en sus reuniones de fin de semana en la República Sudamericana, como buenos latinos, expresaban mucho sus afectos a amigos y familiares. Hasta que esa armonía de apoco se fue deteriorando en las familias de ese país, desuniendo a padres e hijos a hermanos, e incluso parejas. Ese era el primer síntoma que presentaba la ruptura de una nación.

1994

"Dígame Padre para que soy bueno, me informaron en recepción que necesitaba hablar conmigo, disculpe que me haya atrasado es que debía montar una de las notas que va esta noche en el estelar". El saludo correspondía a Don Roberto quien era desde hace algunos meses el encargado de producción de noticias deportivas del Canal 20.

"Si Roberto quería comentarte que te he asignado la cobertura periodística de los juegos nacionales juveniles, a sabiendas que eres el encargado del segmento de deportes en nuestro noticiero", le refirió el Padre Ocampo.

"Pero ademas como los juegos se desarrollan cerca de la ciudad de Sare, quería que hicieras una visita y un reportaje al Teniente Coronel Lugo Galvez, el golpista, quien luego de lo ocurrido en Febrero de este año se encuentra detenido en el Centro Penitenciario de esa ciudad". Luego de esta petición, el Padre Ocampo se disculpó por tener que salir tan rápido pero tenía una reunión en la Conferencia Episcopal. El Padre Ocampo era un personaje extremadamente ocupado, por lo que quienes lo veían lo saludaban como estrella fugaz.

A todas estas Don Roberto había aceptado con agrado la asignación, sobre todo por el grado de confianza que tenia el Director con él, pero al parecer el motivo mas importante del Viaje a los Juegos Nacionales, era la entrevista con el Teniente

Coronel y el tema lo de los juegos parece haber sido un argumento para hacer todo mas natural.

El Padre Ocampo Iturralde, era el artífice de todo cuanto la Iglesia Católica había hecho en el occidente de la República Suramericana. Era una especie de Rey Midas, todo lo que tocaba o donde se metía, daba frutos. Colegios, Medios de Comunicacion, Iglesias, Hospitales, hasta un Parque temático comenzó a proyectar.

En realidad su jerarquía eclesiástica, era la de Monseñor, solo que el y sus seguidores se sentían mas cómodos cuando le llamaban Padre. Era un hombre sencillo, no se puede decir de pocas palabras, mas bien de palabras precisas, y quien ademas conducía programas de televisión, y lo hacia de manera especialmente atractiva. Era un moderador destacado. Un hombre como pocos da la historia.

Después de una de las tantas jornadas de los Juegos Nacionales, una tarde llegó una comisión a la concentración deportiva, anunciando que el bus que iría al Centro Penitenciario de Sare saldría a la mañana del día siguiente, y todo aquel que quisiera visitar al Teniente Coronel, debía estar a las ocho de la mañana sin falta en la entrada de la concentración.

Fue así como de manera accidental Don Roberto estaba sentado frente al hombre que hace apenas unos meses había provocado tal confusión, en la cual por poco su hijo Rodolfo pierde la vida en medio de esa aventura golpista. El destino en ocasiones hace jugadas inesperadas, y ésta era una de ellas.

"Teniente Coronel, mucho gusto mi nombre es Roberto Vega y soy periodista, imagino que está informado acerca de mi intención de hacerle algunas preguntas", le dijo cordialmente Don Roberto, al tiempo que el lider del intento de golpe de Estado le retribuyó su simpatía y le respondió, "Vega hágame las preguntas que quiera, total tengo tiempo de sobra". El ambiente se había distendido y entre risas dio inicio la agradable conversación.

Habían pasado 3 horas y la tertulia no llegaba a su fin, hasta que los organizadores del encuentro interrumpieron y dieron tiempo de 10 minutos mas para las conclusiones. De regreso a la Villa deportiva Don Roberto, al igual que cualquiera de los que había conversado con el Teniente Coronel Lugo, no articuló palabra. Al llegar a la concentración, fueron al comedor cenaron y posteriormente cada uno se retiro a descansar, ya que la jornada había sido larga e intensa.

A partir de ese momento Don Roberto cambiaría para siempre.

1996

"La historia hará justicia Lugo Gamez va a ganar la presidencia de la República. Nuestra proyección no se equivoca, ademas hemos recorrido el País por todos los ángulos."

La frase corresponde a Don Roberto, quien desde su visita al Teniente Coronel en Sare aquella soleada mañana en medio de los juegos deportivos nacionales, se convirtió en aliado incondicional de aquel hombre frío y calculador, cuyas intenciones conocía muy bien Rodolfo, porque se las habían contado de primera mano en la Escuela de Oficiales.

"Eso no es así, la intención de nuestro Comandante, calificativo que comenzaron a darle al Barines, es la de estabilizar el Pais. Es la de darle a cada quien lo que le corresponde", expreso Don Roberto en medio de la charla, a lo que Rodolfo dijo, "Estas equivocado y el tiempo me dará la razón, por cierto lo de Comandante no le molesta verdad? Ese tipo es débil en relación al tema del culto a la personalidad, y esa es una característica de los exponentes de la anarquía". Finalizo casi gritando Rodolfo, en un tono como de frustración al ver como su padre un hombre democrático, militante del partido Actividad Democrática, ahora estaba rindiendo culto a un asesino que intento tomar el poder por la fuerza.

En su camino a la Presidencia, los medios de comunicación literalmente se mataban por lograr una entrevista con el Golpista, no porque fuera muy atractiva su linea de pensamiento, sino porque el rating que levantaba era abrumador, producto de ver en pantalla a quien provoco una desgracia en la vida nacional en todos sus ordenes.

En ese periodo de tiempo en el cual los canales explotaron la posibilidad del rating, los periodistas hacían toda clase de preguntas para tratar de hacer aflorar el tipo de persona que había dentro de aquel hombre que había salido de la carcel en el año 1994, producto del perdón Presidencial.

"Candidato hábleme del gobierno de la Isla, que le parece el gobierno del Comandante, ese mismo que viola los derechos humanos y que se ha mantenido en el poder desde 1959", soltó el periodista del medio norteamericano, para el publico de habla hispana". A esto los nervios del Golpista, fueron demasiado evidentes, pero luego de ver el rectazo a las letras. Como se diría en beisbol, contestó fríamente.

"En realidad considero el gobierno del Comandante de la Isla como una Dictadura, las barbaries que ha cometido no se pueden justificar bajo ningún concepto. Cada quien gobierna como quiere, pero existen limites y en este caso traspaso la linea para convertirse en una Dictadura", a groso modo fueron las palabras de quien apenas meses antes había asesinado a compatriotas tratando de obtener el poder por las malas, en un país, ciertamente convulsionado y crispado por la situación económica, pero también asediado por la sombra del Comandante desde la Isla.

"Estamos aquí porque seguiremos luchando por la dignidad del pueblo". Con esas palabras el Teniente Coronel Lugo Gamez dejó marcado un comienzo en su vida política aun cuando la frase tenía un matiz poco definido, porque no se sabía a cual pueblo se refería, si al de la Isla conformado por la camarilla que lo llevó y lo sostuvo en el poder, o al de la nación Sudamericana.

El 26 de Marzo de 1994, los medios de comunicación invadieron literalmente los espacios externos de la Carcel de Sare. Había una masa de personas celebrando aquel acontecimiento que llevaba a la libertad al protagonista de las aventuras golpistas de 1992, y a 10 de sus mas cercanos colaboradores en aquella agresión social. Gritos de euforia, alegría, y deseos de que una vez insertado en la vida política, pudiera lograr el objetivo, en lo que había fracasado por las armas dos años antes.

El Presidente del momento, Manuel Calderon, fue quien firmo la orden ejecutiva que sobreseía al grupo de militares de Rango medio y bajo quienes se habían alzado en armas contra la República. Fue una decisión que no estuvo del todo clara, porque ademas de otorgar la libertad plena, en ningún momento fue inhabilitado para ejercer funciones políticas. A partir de ese momento retomo el movimiento MBR-2000 el cual inició siendo apenas un Capitán del ejercito, y el cual durante años estuvo desarrollando el adoctrinamiento de sus compañeros además del proselitismo político en el Recinto de Próceres, cual era la Academia Militar de la República.

En ese momento se sentía en la cúspide e invitó a todos los sectores de la vida publica nacional a crear un clima de concertación, de hecho los representantes de las cúpulas económicas y empresariales, dejaban conocer su atracción por ese personaje que se iba a convertir en figura clave que marcaría la historia, incluso a nivel mundial. Lo curioso fue que nunca dijo nada sobre su intención de transformar el Estado en un sistema Socialista-Comunista. Ocultó ese pequeño gran detalle, se guardó sus andadas en la Escuela Militar adoctrinando a sus compañeros y por lo cual casi es expulsado de la misma. Esa es la razón por la cual los Medios de Comunicación querían indagar en el interior del Militar, pero siempre supo ocultar la verdad como cuando el Periodista norteamericano le pregunto que pensaba sobre el Gobierno de la Isla y del Comandante, sobre lo cual mintió.

En cada ocasión luego de conversar con su padre, Rodolfo intuía que detrás había algo, que todo cuanto estaba ocurriendo estaba manejado por un marionetero, y su labor como periodista era llegar al fondo del asunto. Para ello debía estar en la Capital, pues la oportunidad la tenía enfrente ya que una productora de televisión del centro del país le había ofrecido ser moderador de espacios deportivos. De esta forma en la Capital, sería mas factible que pudiera llegar al fondo, aun cuando sentía cierto temor por lo vivido mientras era Cadete de la Escuela de Oficiales. Sin embargo el objetivo valdría cualquier riesgo.

"Caramba carajito pensé que no ibas a llegar nunca, coño apurate, allá están los trajes. Controla cuales corresponden a la transmisión de hoy y te vas a maquillaje estamos al aire en 10 minutos", con voz firme profunda y matizada con el afecto de un padre, Gerardo Suarez, recibió a Rodolfo con una palmada en la espalda. Estaban en la sede de los estudios de Deportes Television, la empresa que había contratado al joven Periodista para realizar las transmisiones de la temporada de Beisbol y Baloncesto. "Gracias Gerardo, mira allí te traje un kilo de ese queso que te gusta tanto. Pilas no se lo vayan a chorear !!", le dijo Rodolfo antes de salir al aire con la transmisión.

Mientras tanto el Pais continuaba con su ritmo normal, entre comillas. Según lo que se veía, con altibajos, con inflación, con protestas esporádicas, y con la gente disfrutando de su beisbol, nacional e internacional. La campaña política estaba llegando a su fin. Los dos candidatos con posibilidades se dirigían al pueblo uno en un tono de consejo, sobre la aventura que significaría elegir a un golpista como Presidente de la República, y el otro con su discurso de rencor por las clases productivas y con un discurso populista. Se puso final a las campañas y solo faltaba la decisión del soberano.

La noche del 6 de diciembre de 1998 se conocía que el Teniente Coronel Lugo Gamez Riaz se había alzado con la Banda Presidencial, producto del 56.20 por ciento de los votos, en unas elecciones que estuvieron marcadas por una enorme abstención, luego de que solo acudieran a las urnas 6,988,291 votantes de un total de inscritos de 11,013,020 en el registro electoral permanente.

"Llamó a mis compatriotas a no tener miedo. No voy a instalar una dictadura tipo cubano o comunista en Venezuela. Eso está muy lejos de la verdad. Los hechos demostrarán que todo eso es mentira". Fueron las palabras de Lugo Gamez Riaz luego de conocer su victoria.

Capitulo 6

Rodolfo estando en la Capital llamó a Amilcar, su amigo de toda la vida, tenían mucho tiempo que no se veían, eso le tenía un poco preocupado, porque la ultima vez que se vieron fue antes del accidente en la escuela, y luego de eso tuvo que salir volando del país. Por eso no sabia cual iba a ser su reacción.

"Aló, Amilcar? como estas adivina quien es?", Rodolfo saludó de esa manera a ver cual iba a ser la reacción de su viejo amigo.

"Mijo, pájaro de mar por tierra!", el tono de Amilcar fue el de siempre y rápidamente coordinaron para encontrarse.

"Coño Rodolfo tu si eres arrecho, como te vas y permaneces tanto tiempo fuera, y después regresas, y ni una sola llamada?", el reproche fue utilizando un tono conciliador, pero firme, en el sentido de que estaba dolido por esa actitud. "Si brother, perdóname, sé que he hecho mal pero en aquel momento todo lo que tenía que ver con la Capital, me había dejado chocado, ese fue el motivo por el cual me aparté de todo. Pero bueno ya eso quedó atrás y espero nos pongamos al día con todo", finalizó diciendo Rodolfo. Esa conversación seria apenas la primera de tantas que tendrían, y no se imaginaban como el destino los convertiría en hermanos, luego de compartir momentos de vida o muerte, que les unirían con lazos indestructibles.

Amilcar el amigo de infancia de Rodolfo, como buen occidental de la República Sudamericana, era muy relacionista, conversador y carismático, al punto de lograr lo que se proponía. Dejaba una novia en cada puerto, por supuesto en sentido figurado. Lo cierto era que aparte de todo era un Don Juan, y aprovechando esa capacidad de conquista llegaba a donde quería. Tenia un físico aceptable, no era un galan, ni tampoco era que tuviera dinero. Solo tenía el carisma y el verbo que dominaba cualquier escenario.

"Amilcar tu te acuerdas cuando estando en la Escuela te conté por lo que estaba atravesando, cuando no sabía como salirme del problema relacionado al 'Capitan' "?, dijo Rodolfo frunciendo el ceño, como tratando de evocar cada detalle de aquel amargo momento. "Si claro que lo recuerdo", y lo recuerdo tan claro, porque aquel fin de semana teníamos dos chicas estupendas y al verte así de mal, las dejé embarcadas.", respondió Amilcar.

"Pues hermano quiero decirte que decidí descifrar ese paquete. Quiero saber que mas hay". "En aquella oportunidad el miedo se me apoderó de mi", dijo Rodolfo…."Te dominó no, casi te asesinan!", respondió Amilcar.

"Un momento Amilcar, yo jamas te dije que alguien quería asesinarme. De donde sacas eso?", Amilcar se puso blanco como un papel, y trató por todos los medios de cambiar el tema, pero Rodolfo se levanto súbito en posición defensiva, solo para decirle: "Amilcar que has hecho, como es posible que estes implicado en algo tan delicado y que hayas intentado hacerme daño!". y dando media vuelta estaba saliendo de la habitación cuando de repente este lo detuvo tomándolo por un brazo. "Espera coño, déjate hablar, si no no vas a entender", Amilcar le gritó a Rodolfo, y lo sacudió para hacerlo reaccionar.

"Si brother, es necesario que hablemos de muchas cosas. Tu no eres el único que sabe vainas. Este país se volvió un desastre desde que ese bendito Teniente Coronel Lugo Gamez, apoyo el Trancazo, si desde 1989 ese tipo ha estado detrás de todo, pero lo peor es que el solo es un peón. Por encima de él existe un plan macabro que tiene de todo y es por eso que debemos conversar". Amilcar hablaba con mucha propiedad, tanto así que Rodolfo, a ese punto estaba sorprendido.

"Tu te acuerdas el día cuando viniste y me contaste todo?", le dijo Amilcar, "Claro que me acuerdo", respondió rápido Rodolfo. "Bueno de las dos chicas que embarcamos esa noche, una de ellas había salido varias veces, con tu fulano Lugo Gamez cuando era Capitan. Ahí te la dejo pues", Amilcar soltó la bombita esa.

Aquel fin de semana de 1987, Rodolfo estuvo a punto de conocer todo sobre la vida de Lugo Gamez, quien resultaría el acelerador del Trancazo en 1989 y el golpista de 1992. Pero el destino se encargo de que no hubiera ocurrido nada porque no sabemos que hubiera sucedido con su vida.

Si en aquella oportunidad como Cadete no pudo descifrar lo que ocurría, ahora como periodista se sentía en la obligación de seguir adelante, para dar a con el plan que se estaba gestando. Ahora Lugo Galvez Riaz había ganado la Presidencia de la República e iba a desarrollar las ideas comunistas que había tenido ocultas ante los ojos de la gente y muy en especial de los medios de comunicación, y que el sabia, al igual que muchos militares de la época en la cual el estudiaba en la Escuela.

Galvez había realizado aquella única visita a la Isla a encontrarse con su mentor, había sido muy bien camuflageada con una gira por varios países en 1994, cuyo destino final fue esa reunión con el Comandante . Esto develaba y predecía el destino que le esperaba la Nación Sudamericana, si el Teniente Coronel lograba instaurar su proyecto.

"Rodolfo es necesario que entiendas que se trata de una conspiración, de las mas grandes de la cual se tenga memoria", Rodolfo miró a Amilcar con los ojos desorbitados y pregunto una vez mas, "Como sabes eso?".

Amilcar lo tomo por el brazo, sirvió café e inicio un monologo. que duro un par de horas aproximadamente. Primero le aclaró que el día que se vieron, cuando estaba muerto de miedo, él no sabía nada. Pero luego por accidente en una salida con el par de chicas, una de las cuales estaba saliendo con el entonces Capitan Lugo Galvez Riaz, se tomó algunas copas de mas, una de ellas comento que estaba saliendo con un Capitan del ejercito, y luego entre copas contaría la historia de quien se trataba. Cuando Amilcar se enteró casi se le para el corazón, pero de a poco fue tomando compostura y siguió escuchando la historia.

La muchacha era excelente en la cama, y resulta que tenia vuelto loco al Capitan, fue así como una noche entre tragos él le contó algunas historias de mas, y la chica absorbió todo como una esponja. Ella no era muy inteligente, porque de haberlo sido, jamas hubiera vuelto a salir con el Capitan. Pero algunas mujeres en especial de las grandes ciudades, mueren por un militar, y si este tiene tropas a su mando, al parecer eso las excita sobre manera, dijo Amilcar en tono de broma.

Amilcar continuaba con su relato y Rodolfo escuchando pero sin perder ni una palabra. "Hermano resulta que luego de nuestro encuentro, mas o menos como tres o cuatro semanas despues, salí con Elena".

Le interrumpe Rodolfo,"Que Elena?".

"Ahh Pues, quien va a ser chico, La mujer que estaba comiéndose a Lugo Alvez", respondió Amilcar en tono burlón.

"Mira Rodolfo a partir de ahora vas a tener que comer avispa, porque lo que viene si seguimos en esto no va a ser un juego. Brother date cuenta que podemos hacernos los locos en este momento y no ha pasado nada, pero si seguimos estamos comprometidos, así como lo estuviste en la Escuela de Oficiales". Amilcar fue tajante en esto. Y Rodolfo le dijo que tranquilo que continuaría y que iba a estar mas pendiente.

"Rodolfo tu sabes que tengo un primo, harto pana, muy cercano a mi y su Papa es militar y trabaja en inteligencia. El me dice que que están tratando de sacar de la Presidencia a Lugo Galvez, porque han descubierto que tiene un plan con el Comandante comunista de la Isla. Me cuenta que han encontrado comunicaciones en las cuales quieren entregar la guía del país a los extranjeros". Rodolfo interrumpe y grita, "Que!".

"Si Rodolfin, asi mismo es", prosigue Amilcar, "Por eso es que te digo que lo que hay detrás es fuerte, y el país se debe preparar para lo que viene porque no será fácil salir de esto. Mi primo también me ha hecho entender muchas cosas como por ejemplo; Tu sabías que la Isla ha tratado de invadir nuestro país un coñazo de veces?. Bueno siempre el Gobierno ha podido detener esas arremetidas, pero ahora es distinto, porque antes lo habían hecho con las armas a lo arrecho, y el Gobierno los había repelido, pero ahora tienen un aliado en la Presidencia y que vas a hacer con esa pelusa", Amilcar estaba por finalizar cuando le soltó a Rodolfo otro pedacito.

"Se dice que están dejando correr al tipo, pero que al momento de mostrar las intenciones lo van a parar en seco y luego puede haber una vaina".

Y así Amilcar puso al día a Rodolfo quien estaba como mareado. Era mucha información para pasarla tan rápido, primero tenía que procesarla y después pensar. La situación era peligrosa pero como periodista debía afrontarlo.

Finalmente estaba atando tantos cabos sueltos encontrados primero desde su época de Cadete, luego cuando fue rehén durante el intento de Golpe de Estado dado por del Teniente

Coronel, y ahora cuando el destino lo volvía a poner en el camino de esta conspiración. 1987, 1992 y ahora 1998.

Ese hombre de ideas socialistas desde la época de Cadete después de Capitan, pasando por dos fallidos golpes de Estado, se había convertido en Presidente de la República Sudamericana.

Ring…ring…"Si, quien es?", respondió Rodolfo su teléfono celular. "Ummm…de acuerdo Gerardo si almorcemos en el Restaurant del Gordo, a ver que tan bueno es preparando el Corazón de Lechuga con salsa de queso Roquefort. Nos vemos en un rato", se despidió Rodolfo de su jefe.

" Chao Amilcar, el jefe me invito a almorzar. Déjame ordenar mi mente con todo lo que ahora sé y te llamo, pero recuerda cero comentarios por teléfono", se despidió entonces de Amilcar y salió rumbo a su almuerzo de trabajo.

El Nuevo Presidente de la República, se había convertido en un verdadero Autócrata, el poder lo sorprendió. Si bien es cierto que estaban buscando la Presidencia, al lograrlo el grupo que comandaba también se asombró, quizás por la facilidad encontrada en la vía electoral. Esta situación pronto pondría de Cabeza al País porque la gente con mayor capacidad de pensamiento iba leyendo el mensaje, que no se pudo apreciar en 1998 cuando ganó la Presidencia, y no fué que el Golpista pudo engañarlos, el pequeño detalle estuvo en que el día de las elecciones las personas pensantes decidieron no ir a las urnas a votar, cuestión que lamentarían en el alma.

Aquel 2 de Febrero de 1999, quien recibiría la Presidencia de la República, no era el Golpista Lugo Galvez, sería el Comandante de la Isla, quien de manera triunfal caminaba en su primera visita al Pais, como lo había hecho en 1959, cuando bajo de la Sierra, en esta ocasión 'sin echar ni un tirito'.

Transcurrieron los meses y poco a poco se fueron develando los planes de entrega de la República, bien sea desde adentro del sector militar, como desde las esferas políticas. Mientras tanto solo desde las Instituciones del pensamiento, llámense Universidades, era desde donde era posible medir las consecuencias de lo que estaba ocurriendo.

Fue entonces cuando lentamente los diferentes sectores de la sociedad caían en cuenta del error que habían cometido y tratando de enmendar el capote, decidieron convocar a un paro nacional, argumentando una crisis económica, la cual era cierta, mas detrás existían interés para recuperar la República.

"Aló, Rodolfo?….necesito que nos veamos lo antes posible" — dijo Amilcar.

"Cuando? yo puedo ya mismo!" — respondió Rodolfo

"Perfecto a las cuatro de la tarde donde nos vimos la última vez — dijo de nuevo Amilcar.

"Está bien nos vemos", finalizo Rodolfo, y de inmediato se metió en la ducha y se preparó para su reunión a sabiendas que lo que hablarían era sumamente importante a juzgar por el tono utilizado por su amigo.

"Buenas Tardes, me trae un café por favor. Que no este fuerte, gracias", con una sonrisa esbozada por su rostro Rodolfo pidió algo para tomar, mientras esperaba a su amigo. Aprovechó para revisar si tenía mensajes, pero su mensajería estaba totalmente vacía.

"Gracias por la rapidez con el café", dijo Rodolfo al momento que vio como la chica que lo atendió se ruborizó. Él era un galan con las mujeres. No importaba la edad que tuvieran, siempre tenía una palabra apropiada para halagar a cada una.

Brevemente la chica, como de unos veinticuatro años, se detuvo para intercambiar palabra con Rodolfo, tocando el tema de la afluencia de gente en aquel sitio, que por ademas era alta. Las veces en las cuales Rodolfo había ido a ese lugar, jamas lo había encontrado vacío, y es que era ideal para reunirse porque tenia una acústica especial para los conversadores.

En ese momento llegó Amilcar, quien venia acompañado de otra persona. Luego de saludar y de aprovechar que la chica estaba allí, los recién llegados ordenaron y se sentaron, al tiempo que la bella muchacha, rápidamente fue a presentar la orden de sus huéspedes.

Rodolfo era del tipo de personas que no esperaba introducciones. De inmediato se levantó y se presentó ante el acompañante de Amilcar. "Hola Como estas?, soy Rodolfo Vega para servirte", y estirando su mano estrecho la del invitado. "Hola Rodolfo, Amilcar me ha estado hablando de ti y es un verdadero placer finalmente conocerte, soy Antonio Herrera, igualmente para servirte", respondió el nuevo integrante del ahora grupo de tres.

Antonio Herrera era a todas luces militar, y es que cuando se camina derecho ni cojeando te confunden. El porte, el corte de cabello, la forma de caminar, todo lo indicaba, y obviamente fue la primera pregunta que hizo Rodolfo. En ese momento Amilcar interrumpió….

"A ver… a ver, hermano mío, vamos con calma. Rodolfo, si, en efecto Herrera es militar, pero no es lo que queremos discutir hoy. Nuestro encuentro es importante porque de ello dependerá que se den algunos 'proyectos' que tenemos en mente", Amilcar fue preciso y no titubeó en ese momento, así frenó un poco a Rodolfo, y le dio su lugar al Coronel Antonio Herrera, quien era temperamental y explosivo. Es decir que Amilcar en estas primeras de cambio debía ser una especie de catalizador para evitar que ambas personalidades chocaran. Afortunadamente aquella primera reunión había llegado a feliz término.

"Lugo me siento feliz y complacido de verte ahora como Presidente de la República Sudamericana, la que siempre quise para mis propósitos de expansión, para poder sostener mis ideas y este hermoso proyecto que a partir de ahora crecerá ". Esa fue la frase, o mas que frase, fue el mensaje que el Comandante de la Isla Joel Valastro, le dio al recién estrenado Presidente Lugo Galvez Riaz, como para que tuviera presente quien lo había montado allí en la posición en la que ahora se encontraba.

Ese primer encuentro fue lo que develó que el plan de iba por buen camino. Habiendose apoderado de la primera magistratura, se había avanzado un gran trecho. Pero los pasos subsiguientes serian de mucho mayor cuidado, y para ello debían darse condiciones optimas, para no equivocar la jugada sobre el tablero de ajedrez. Conquistar la Presidencia era apenas el comienzo.

Desde siempre el Teniente Coronel Lugo Galvez, había sido admirador del Comandante Joel Valastro. Había leído su obra, incluso antes de su entrada a la Academia Militar, a razón de que su hermano mayor era izquierdista. No así su Papá, quien se convirtió como por arte de magia a la izquierda apenas luego de que su hijo diera el primer Golpe de Estado. Primero el Señor Galvez, había sido Adeco hasta las metras, pero como el proyecto de intromisión comunista no admitía esta postura, entonces decidió cambiar de ideológica como si de cambiarse una camisa se tratase.

Los maestros de vida que tenían los hermanos Galvez Riaz allá en la Barinas de la década de los 60, no eran otros sino ex guerrilleros retirados, ex combatientes, gente que luego de retirarse del frente de lucha se dedicó a impartir los pensamientos de la izquierda, contraviniendo las normas de una nación absolutamente democrática y con apego a la moral y a las ideas de libertad.

Es de esa manera como aquel joven de escasa capacidad intelectual, mediante la lectura y los sueños de figurar de alguna manera, arrastrando ademas a cuestas las limitaciones económicas que padeció en su época de infancia, no le quedo otra que refugiarse en los libros de Marx y Engels, inducido por su hermano mayor, para adherirse a un plan común de subversión, cuya finalidad era desestabilizar. Sorpresa sería la que que al final del camino se llevaron, encontrándose que los objetivos finalmente se habían logrado.

"Lugo la primera vez que estuve en la República Sudamericana", manifestó Joel Valastro, con voz pausada y algo grave, cual era su estilo, "vine a pedir ayuda en cuanto a una cuota de Barriles de Petroleo para oxigenar la Revolución y la respuesta que me llevé fue negativa. Espero que ahora pueda contar con ese aporte", complementó el Comandante y luego de unos cuantos minutos de risas, el recién electo Presidente le dijo, "No faltaba mas Comandante, tenga usted la amabilidad de decirme una cifra para corresponder a tan solidario gesto en cuanto a las armas y municiones que aquel febrero de 1989 usted nos obsequió, para iniciar nuestra ascensión al poder".

"Tengo días sin dormir bien, me levanto a cada rato en la madrugada, no solo por el habito de mi actividad, la cual siempre ha sido madrugar y pensar, cuando los demás descansan. Lo que me sucede es que me molesta cuando debo saber algo y no tengo como averiguarlo", manifestó Rodolfo apenas trazó con Amilcar y el Coronel la primera de las lineas en su segunda reunion, ya un poco mas compenetrados.

Como siempre Rodolfo había ido al grano. Ese ímpetu era lo que en ocasiones le trancaba el serrucho, pero a veces era lo que provocaba que el leño se partiera. Al principio debieron canalizar tantos ángulos, puntos de vista y también puntos de coincidencia. Era tan amplio el esquema, que en ocasiones habían pausas de silencio para poder ordenar todo. Y no estamos hablando de un plan, porque ese ya estaba estructurado, y no eran ellos quienes lo habían decidido ni quienes lo iban a poner en ejecución. Allí simplemente estaban coordinando como iban a controlar las consecuencias de aquello que estaba montado y que iba a ser un intento por recuperar la República la cual estaba siendo invadida. Se trataba de ejecutar una huelga general, que buscada detener el país, utilizando como argumento la ruta equivocada que había tomado el Presidente, al crear nuevos decretos y leyes a partir de una Ley Habilitante que le había sido otorgada meses antes por la Asamblea Nacional, con lo cual buscaba colocar militares en todas las instituciones del Estado incluyendo en PDSA, buscaba también expropiar tierras y empresas, para llenar de municiones su arma, cual era el 'populismo', entre otras arbitrariedades ordenadas desde la Isla.

"Amilcar y Rodolfo, estamos delante de una infiltración de agentes invasores cuyo único objetivo es el de romper el aparato productivo del país, para de esa manera convertir la democracia en presa fácil de todo cuanto se les antoje a ese grupo de infiltrados que esta asociado a la cúpula del gobierno". Explicaba el Coronel Herrera, mientras ambos oyentes prestaban toda su atención.

"El hecho de colocar militares en puestos estratégicos, obedece al plan de invasión que en complicidad con, Lugo Galvez, esta desarrollando el Comandante de la Isla. Ademas de este hecho el Presidente esta acelerando la intervención de diferentes Instituciones del Pais, marcando cada vez mas la ruta hacia el Socialismo-Comunismo pretendido por su mentor".

Esta breve pero contundente intervención del Coronel Antonio Herrera les dejó a ambos los ojos desorbitados en especial a Rodolfo, porque aun cuando él sabia por donde venia la historia, nunca estuvo preparado para comparar la teoría con la practica.

"Entonces que haremos Herrera?", preguntó Rodolfo.

A lo cual Herrera respondió, "Habrá una huelga nacional convocada por diferentes sectores entre ellos la organización que agrupa a las empresas en todos los ordenes de la vida nacional. Este órgano que agrupa la mayor cantidad de empleados en el

Pais, se encuentra alarmado por las recientes leyes promulgadas relativas a empoderar la figura del Primer Mandatario, debilitar los poderes públicos, ademas de permitir la aprobación de la nueva Ley de tierras que le quita terrenos a los empresarios para entregarlas a los ciudadanos, llamase adeptos al gobierno.

Estas son solo algunas de las 49 leyes que aprobó el Presidente mediante la Ley habilitante y que están provocando este encontronazo entre el Gobierno y el sector productivo del país". Esta mas o menos la idea central del 'proyecto'. Fue lo que a groso modo pudo plasmar Herrera con palabras.

En ese momento Amilcar tomaba la palabra, "Esa no es la verdad completa, cierto?, que mas hay Herrera, tu sabes que tengo otras fuentes que me han dicho que este es el pretexto para iniciar algunas acciones", dijo clarito y sin rodeos Amilcar.

"No he terminado, apenas estoy comenzando a explicarles, porque no quiero confusiones ni tener que repetir", dijo pausadamente el Coronel, al tiempo que tomada un sorbo de café, porque si había alguien que tomara mas café que Rodolfo, ese era el Coronel Herrera. "Carajo ya se acabó, que vaina chico.

Al ser el anfitrión de este segundo encuentro, Rodolfo se levantó como un cohete, apresurando la preparación, no fuese que el Coronel sin café no contase mas del 'proyecto', y dijo, "En 3 minutos preparo un termo gigante pero no se detenga Herrera, continue".

Y Herrera prosiguió. En efecto el plan consistía en concentrar una gran cantidad de personas en el lugar de partida de una caminata que iba desde el Parque del Este hasta la Sede de PDSA. Sin embargo en cierto punto la caminata iba a cambiar su ruta y allí podían comenzar los problemas.

Había llegado el momento. Desde el 9 de Abril del 2002 se había iniciado una huelga general y una serie de protestas que fueron calentando las calles. Para el jueves 11 las protestas se habían transformado en disturbios. Como agregado encontramos a una gran masa de personas que de a poco se iba concentrando en las inmediaciones del Parque del Este para iniciar una contundente marcha que iría desde ese punto de encuentro, hasta la sede de PDSA.

Había iniciado la marcha y las pancartas, pitos, banderas de Venezuela, ondeaban y sonaban al compas visual de las franelas tricolor alusivas a la libertad, y es que el pueblo ya estaba abriendo los ojos en cuanto a detectar la intervención de la Isla violando consecuentemente la soberanía nacional.

Continuaba avanzando la gente y protagonizando una marcha que estaba orientada a manifestar el descontento del pueblo, al menos una gran parte del colectivo. Cuando de pronto…….

"Amilcar….Amilcar…que está pasando", preguntó Rodolfo luego de una hora de haber iniciado el recorrido, haciendo esfuerzos por escuchar en medio de la estruendosa algarabía de la gente en el corazón de la marcha lo que respondería Amilcar. Rodolfo había sido designado por la Productora para la cual estaba prestando servicios, para cubrir la marcha, pero a petición de él mismo.

"Rodolfo no estoy seguro…me escuchas!!!…"   — Grito Amilcar.

"Queee !!"…   — Respondió Rodolfo.

"Que no estoy seguro, pero creo que están tomando otra ruta, posiblemente porque existen piquetes de los cuerpos de seguridad, y no dejan pasar hasta la sede de PDSA". …. Volvió a gritar Amilcar.

Mientras se desarrollaba la marcha de protesta por los abusos de poder del Presidente Lugo Galvez, alrededor del Palacio de Gobierno, como era ya habitual cuando se celebraba un evento de los opositores, se encontraban concentrados los simpatizantes del mismo. por lo general inventaban cualquier excusa para reunir a sus seguidores cuando el soberano salía a protestar.

En los alrededores se encontraban los grupos de choque que había entrenado el gobierno, a los cuales llamaban colectivos y no eran mas que bandas aliadas al Presidente que se encargaban de disipar cualquier manifestación. Transcurría la jornada y la multitud de gente que sobrepasaba el millón de personas, poco a poco se iba acercando a su destino, pero ….cual destino???

"Amilcar a donde vamos por esta vía, estoy preocupado", — Rodolfo le habló y miró a Amilcar con cara de preocupación y este le respondió, " Hermano por aquí se va es para el Palacio de Gobierno y esto no me gusta nada.

Acto seguido Amilcar corrió hacia la parte frontal de la marcha y después de preguntar le respondieron que hubo cambios de planes y se dirigían al Palacio a solicitar la renuncia del Presidente.

Amilcar gritó, "Pero coño allá están los seguidores del Gobierno, como vamos a pasar", y la respuesta fue 'Ni un paso atras'.

Allí Amilcar entendió que la situación se estaba saliendo de control, y que era mejor buscar a Rodolfo porque habría problemas graves. Cuando el Coronel Antonio Herrera les explicó

'El Proyecto' hablaron de un cambio de ruta, pero jamas imaginaron que esa cambio sería para ir al Palacio de Gobierno.

Vista la situación y tomando en consideración la desigualdad entre la marcha con mas de un millón de personas, y aproximadamente unos 20 mil elementos al lado del Gobierno, entre ellos las bandas de apoyo a la revolución, los miedos se disiparon un poco, sobre todo cuando Amilcar llegó hasta donde estaba Rodolfo, y le explicó la situación, a lo cual Rodolfo le dijo:

"Amilcar tu estas viendo la cantidad de gente que va a pedirle la renuncia a Lugo Galvez?. Te estas dando cuenta que esto no lo para nadie; compara somos mas de un millón de personas. Cuantos están alrededor de Palacio?".

Sin embargo y a pesar de la precisión en cuanto al calculo de ambos grupos, el gran problema era que esas aproximadamente de 20 mil personas alrededor de Palacio, a favor del Gobierno estaban armadas y dispuestas a todo, mientras que del otro ángulo habían mujeres niños ancianos y por supuesto hombres, pero que en su vida habían manejado un arma.

Ademas las fuerzas de represión del Gobierno harían lo que fuese necesario para detener al grupo de manifestantes, y fue así como las bandas protectoras del Gobierno se repartieron por todo el trayecto que separaba el frente de la marcha y el Palacio.

"Herrera que esta pasando tienes que actualizarnos, porque Rodolfo necesita hacer el contacto con 'S Television', los cuerpos de seguridad del Estado están atacando a mansalva a la población. Hay gente en la marcha que esta cayendo herida por armas de fuego", precisó Amilcar. El Coronel entonces contó de manera directa y sincera lo que ocurría.

"Muchachos, este desvío lo teníamos planificado porque el país se esta escapando, existen grupos de milicianos y agentes de la Isla que están infiltrados, y debemos recuperar el control. No les comente hacia donde sería el desvío por instrucciones superiores, pero todo va según lo previsto", Herrera mirando en su entorno seguía contando, "Se filtro un audio donde el Presidente daba la orden de aplicar el Plan Avila, el cual se trata de atacar a la población con fuego para controlar la situación a como diera lugar, y el Alto Mando Militar se negó a hacerlo por considerar que esa acción iba en contra de los derechos Humanos y las leyes internacionales y del respeto a la vida de la población civil".

Herrera finalizo con estas palabras porque urgentemente debía montarse en un helicóptero a efectuar un traslado, del cual no quiso hablar.

Una vez que el Alto Mando Militar, cuyo comando estaba a cargo del General de División Ernesto Marquez Velazquez, se negó a obedecer la orden de aplicación del Plan Avila, automáticamente el Presidente quedaba relevado, y en ese momento se le solicitaba la renuncia, la cual aceptaba, para utilizar literalmente las mismas palabras que pronunció el General en Jefe e Inspector General de las Fuerzas Armadas Luis Rincon cuando en cadena nacional comunicaba que el Presidente había renunciado.

A todas estas el Vicepresidente para el momento el Capitan Diogenes Capelli, se encontraba desaparecido, llegandose a comentar con insistencia que se había disfrazado de enfermera para poder escapar en esos momentos de tanta turbulencia. Posteriormente se corrió el rumor de que estaba escondido en la Embajada de la Isla pidiendo protección y asilo a esa nación.

Después de los sucesos y la sangre derramada, cuando se pensaba que el pueblo había forzado la salida del dominio de la Isla, quienes tenían bajo su responsabilidad guiar el destino del Pais Sudamericano, equivocaron su actuación, y decidieron borrar por completo la República, por consiguiente este error provocaría indignación en algunos militares, quienes restituyeron a las 48 horas al depuesto Presidente, Lugo Galvez, dejando sin efecto la renuncia que había aceptado y firmado. Con lo cual se consolidaba no solo la primera fase de la invasión, sino la expansión del comunismo en el hemisferio, utilizando el petróleo como la miel para endulzar a quien no estuviera de acuerdo.

"En este momento debemos permanecer bajo perfil, porque en medio de la cacería que existe podríamos ser delatados". Ese fue el tema central de la reunión coordinada por El Coronel Antonio Herrera, quien era el interlocutor, con el resto de militares que estuvieron guiando el descontento popular. quienes no se veían pero eran los que coordinaban el descontento de las masas.

"Ahora una vez restituido el traidor en la Presidencia, seguro aceleran la fusión de ambos Gobiernos, el de la Isla y el de la República, siempre bajo las ordenes de Joel Valastro", dijo con rabia contenida Herrera, quien prosiguió, " Ahora se procederá a enjuiciar a quienes leales a su pueblo se negaron a aplicar el Plan Avila. Sabemos que la decisión del Tribunal Maximo de Justicia, hará honor a su calificativo, porque las Fuerzas Armadas protegieron la integridad de la población, al menos en lo que a los ataques de guerra se refiere, no así a la violencia desatada por la Guardia nacional y los cuerpos policiales que siguieron al pie de la letra el plan para detener la marcha que estaba llegando a Palacio", dijo en voz fuerte el Coronel, actualizando a los presentes y evaluando los daños morales y materiales que les había dejado el evento que había fracasado.

En efecto el TSJ libró de responsabilidades al Alto Mando Militar, debido a que ha juicio de los Magistrados, el Alto Comando al no atender la orden de ejecución del Plan Avila, no desconocieron al Gobierno, sino la orden dictada por el Presidente de la República de asesinar a la población con la Aplicación del conocido Plan. Con distinta suerte corrieron funcionarios de la Policia Metropolitana, ya que a sus comandantes les dictaron sentencia en algunos casos hasta por 30 años de prisión.

"Le recuerdo a los presentes y que se conozca entre quienes conformamos este grupo de rescate de la patria, que el único objetivo que ha tenido nuestra participación, ha sido el de restituir la soberanía nacional en relación a la Invasión progresiva, sistemática y silenciosa de la cual estamos siendo objeto". Y luego de estas palabras el Coronel Antonio Herrera se despidió pidiendo a sus compañeros de armas, y a algunos civiles que habían estado formando parte del grupo, por su utilidad estratégica en diferentes áreas operativas, que descansaran, que la confrontación apenas se iniciaba.

Posterior a los sucesos de Abril del 2002, el grupo que había estado encargado de rescatar al país, se durmió en una especie de hibernación, dejando la escena a otros militares de rangos altos y medios, que se pronunciarían al respecto y acompañarían al pueblo en las protestas que se mantuvieron activas en sitios emblemáticos de la capital, y algunos del interior del país.

El Gobierno decidió hacer caso omiso de esas protestas emblemáticas, y se limitó a infiltrar fichas y agentes para vigilar de cerca cualquier levantamiento en armas. Solo apresaron a los militares que estarían apoyando las protestas, cuando se comprobaba que estuvieran llamando a la rebelión de las Fuerzas Armadas.

Mediante los hechos del mes de Abril del 2002, se terminó de develar la verdadera intención del Gobierno de turno, la cual no era otra que entregar la soberanía nacional a los representantes de la Isla, hecho que quedaba en evidencia en cada visita cuando le colocaban la Banda Presidencial a los altos jerarcas de la Isla.

En todas las decisiones tenían su mano los hermanos del Islote, desde llevarse el petróleo para su uso particular en términos energéticos, hasta obtener el petróleo para venderlo ellos por su cuenta en mercados internacionales como si lo hubiesen extraído de su territorio.

Con el Petroleo a mas de 100 dólares el Barril era conveniente ser amigo de la Nación Sudamericana, ya que adulando un poco, celebrando las violaciones de los derechos humanos en las cuales estaba involucrado su Gobierno, o salvando el voto en las cumbres de los organismos internacionales se podría disfrutar de los bemoles del oro negro.

El tema del petróleo era un punto crucial, porque si bien era cierto que la República Sudamericana era un país con ilimitadas riquezas, se estaba malbaratando en los planes de la Isla de expandir el comunismo en todo el hemisferio.

Para el mes de noviembre de ese año 2002, visto que continuaba la entrega del país a los hermanos Valastro, sin ningún tipo de vergüenza por parte de los ex guerrilleros que ahora estaban en el poder, como por ejemplo el nuevo Presidente de PDSA, Eli Ortiguez Manaque, el grupo de rescate de la patria de Bolívar decidió activarse luego de varios meses replegados. Es así como de nuevo el Coronel Antonio Herrera tomó la batuta esta vez con un grupo mas amplio y cohesionado.

"La cantidad de Petroleo que se esta enviando a la Isla sin ningún soporte, es grotesca y no tiene limites, es decir el Petroleo se le esta regalando al Comandante Joel Valastro, por orden ejecutiva, y con apoyo del recién designado Presidente de PDSA Eli Ortiguez Manaque, quien es uno de los ex-guerrilleros preparados en la Isla, que tanto tiempo combatió desde la Sierra. La alta Gerencia de la Industria como era de esperarse, le esta dando un stop a esta situación, y es por esto que tanto el Presidente Lugo Galvez como el Comandante de la Isla, quieren desmembrar la empresa colocando fichas militares de su entorno que obedezcan ordenes directas para que no exista ningún tipo de control.", explicó con precisión y justificada preocupación El Coronel.

En ese instante Amilcar, quien conocía todo lo que estaba planificado intervino, " Este evento se realizará mediante un paro nacional de actividades, conjuntamente con protestas y marchas en la ciudad capital, forzando la detención de todo hasta hacer renunciar al Presidente quien no hace mas que obedecer ordenes de la Isla. Ya los entes del sector productivo del país están de acuerdo y se están sumando esfuerzos para que esta vez logremos el objetivo. Los medios de comunicación también están al tanto, y apoyarán.

Ademas el alto mando militar esta del lado de restituir la soberanía nacional, que actualmente esta sufriendo un atropello jamas visto desde la época de la independencia" finalizo diciendo Amilcar.

"El proyecto se trata en principio de evitar que continue el desangramiento de la industria Petrolera de la nación, ademas de detener la invasión solapada de la cual somos objeto".

En ese momento Rodolfo intervino destacando que según él había leído, esta no era la primera vez que Venezuela le concedía Petroleo a la Isla. A lo cual el Coronel respondió:

" Si Rodolfo es cierto, la ayuda del Gobierno de la República Sudamericana a la Isla si fue cierta, y ocurrió por un periodo corto, que comenzó después del derrocamiento de la Dictadura de Derecha de Mario Perez Amenez. Ese aporte energético se efectuó para apoyar al Comandante Joel Valastro a derrocar al Dictador Amancio Basista. Pero eso fue un error garrafal, conociendo que quien tome el poder por la fuerza, jamas podrá respetar pacto alguno. El Comandante desde ese entonces ha forzado por las malas a que esa ayuda se mantenga, incluso tratando de invadir el pais por las costas del centro del pais. Por eso cambiando de estrategia apoyó desde el inicio a Lugo Galvez a obtener el poder y ahora esta cobrando esa ayuda. Esa es la historia", termino suspirando por todo el agotamiento que este tema genera para los militares honorables como él.

"Amigos, está ademas decirles que de esto 'nada' a través de teléfonos o aparatos tecnológicos. Es necesario hermetismo. Nuestro grupo esta haciendo lo que corresponde, Amilcar tu mantén discreción en torno a tu grupo político, y tu Rodolfo eres el mas nuevo por llamarlo de alguna manera pero eres muy valioso por tu experiencia militar del pasado y por tu capacidad de análisis ante los hechos sociales y llamémoslo así, tu intuición para atar cabos sueltos. La historia recompensará nuestra acción, así como lo hará con quienes se sumen a esta causa", y con un apretón de manos terminó la reunión en la cual se delineó cual iba a ser el rol de cada uno de los miembros que estarían tratando de recuperar la República.

'Marcha de noticias de ultima hora':........'Amigos televidentes en la noticias de ultima hora se conoció que el Buque Pilin Leon finalmente fue varado en el medio del Lago de Maraca en protesta por la orden de regalar 100 mil barriles de Petroleo a la Isla, situación que molesta sobre manera a los demócratas del Pais Sudamericano, y con lo cual las fuerzas vivas de la nación ponen en jaque el Gobierno del Presidente Lugo Galvez. El paro Petrolero ha sido absoluto, al punto de provocar que el Pais se encuentre totalmente detenido'.

Palabras mas o palabras menos, esa era la matriz de opinión de los medios de comunicación, en torno a la 'Huelga General' o 'Paro Petrolero' en la nación Sudamericana, y los titulares de la prensa identificaban la protesta con ambos calificativos, porque uno conllevaba al otro. Ademas un evento de este tipo luego del mal llamado Golpe de Estado del mes de Abril, estaba atrayendo poderosamente la atención del mundo. De hecho ya los Canales internacionales se estaban instalando en el país para la cobertura de los acontecimientos.

Mientras esto ocurría, el resto del país se paraba, por falta de combustible. Sin embargo el climax del Paro Petrolero llegaba cuando en cadena nacional el Presidente Galvez retaba al país y despedía a 17 mil trabajadores de la industria petrolera que se habían sumado a la protesta.

El Primer mandatario llamaba golpistas a quienes con justificada razón se negaban a continuar entregando gratuitamente el petróleo a la Isla caribeña. El argumento de la plana mayor de la quinta empresa de mayor producción petrolera del mundo era que de seguir por el camino que iba, la empresa terminaría quebrada, por la injerencia del Comandante de la Isla, y por la complacencia del Presidente Lugo Galvez en relación a continuar regalándoles el Petroleo con el justificativo de los intercambios de entrenadores de deportes o médicos, sin ningún tipo de estudios. Eso era inaceptable, por cuanto era una burla al pueblo .

En medio de la crisis del Paro Petrolero, Rodolfo quien estaba involucrado en los esfuerzos por recuperar la soberanía del país, entrevistó a varios expertos en la materia para que explicaran varios puntos, entre los que se encontraba el porqué una vez Lugo Galvez en el poder, el precio del petróleo comenzó a subir. Otra interrogante era el porqué en este momento de crisis bélica interna en la Republica Suramericana, el petróleo se desplomaba en los mercados internacionales, si por el contrario en todas partes cuando hay conflicto los precios suben.

"Profesor buen día gracias por aceptar esta entrevista", Rodolfo estaba con uno de los expertos petroleros de mayor renombre en el hemisferio. Se trataba de Roberto Utelón Berti.

"De nada Rodolfo si en algo puedo ayudar aquí estaré", amablemente recibió al Periodista.

"Ingeniero porque si Lugo Galvez era un golpista que ascendió al poder luego de ser electo, el petróleo comenzó a subir en los mercados internacionales?", pregunto en linea recta Rodolfo.

"La verdad la explicación es simple. Lugo Galvez al ser el promotor de dos golpes de Estado y luego ascender al poder, como quiera que tu lo llames, no ha significado garantía para ningún gobierno del mundo y menos del hemisferio. En este sentido si el país mas rico en petróleo del continente esta en manos de un personaje con ideas comunistas y ademas este se encuentra aliado al Comandante de la Isla, es lógico y hasta un calculo prácticamente matemático, que el petróleo tienda a subir, ya que al momento que ambos lideres decidan bajar las cuotas de producción estaríamos en presencia de la regla mágica petrolera: A mayor producción precios mas bajos. A menor producción precios mas altos". dijo el Ingeniero Utelon Berti, prácticamente como si fuese una tabla de formulas químicas.

" Ingeniero otra incognita sería el porqué en medio de esta crisis en la que se encuentra la nación, los precios del petróleo están cayendo, de hecho se encuentra en el rango bajo de los 20 dólares por barril. Normalmente en crisis el precio tiende a subir", preguntó Rodolfo con excelente dominio de la materia.

"En eso tiene que ver los Estados Unidos, ya que vista la crisis en nuestra nación, y ante el temor de una guerra en Iraq que pudiera desestabilizar los mercados, El Gobierno Norteamericano ha anunciado el aumento de sus reservas de crudo y eso ha provocado que el precio se mantenga bajo. Finalizo diciendo el experto petrolero.

"Una ultima pregunta Profesor, y en su respuesta me gustaría que no solo aplicara su conocimiento sino ademas su instinto en relación al paro petrolero que se mantiene en el país. Es oportuna esta huelga, y pudiera catalogarse como una de las formas de salir del atasco?", pregunto enfáticamente el Periodista.

"Rodolfo te hablaré como Venezolano, mas que como experto. Esta huelga no es solo necesaria. Es obligatoria, porque la entrega de nuestros recursos debe terminar. La forma en la cual el Presidente ha regalado nuestro patrimonio a otros países no tiene nombre. De tal manera que posiblemente no se cumpla el objetivo, pero una cosa si puedo asegurar, pidiendo a Dios me equivoque. Si el país sigue por este rumbo, nuestra industria petrolera se destruirá " y con esa fatídica predicción estrecharon su mano, y se fortalecieron anímicamente porque los vientos no eran los mejores para la patria de Bolivar.

Con el pasar de los días, el Gobierno tomaba el control de la situación. Una vez designados los nuevos Directores de la Estatal, el Gobierno se sintió con las riendas en las manos. Pese a que las personas colocadas a dedo por el Presidente no contaban con experiencia alguna en el delicado ramo petrolero, el Pais a los pocos días reinició actividades aunque de manera parcial.

De la misma forma la cantidad de gente protestando en las calles de las principales ciudades del país, fue disminuyendo, y con este último factor el Gobierno había vencido, al menos por el momento la huelga Petrolera Nacional, y una vez más el proyecto invasivo salía fortalecido.

A partir de ese momento el Presidente Lugo Galvez tendría a sus aliados en los puestos claves de la industria que era la caja chica para su proyecto comunista.

Qué vendría ahora para profundizar su poder?, como haría para perpetuarse y no perder ninguna elección?

Capitulo 7

2005

Pasado el trance del 'Paro Petrolero' y habiendo colocado en la plana mayor y puestos estratégicos de la industria a gente de su confianza aun cuando no supieran nada sobre el área energética, el Presidente podía enviarle todo el petróleo que quisiera a su mentor, y este a su vez entregarle herramientas, y experiencia, para perpetuarse en el poder. Era así como se iniciaba una fase de reestructuración de sus Fuerzas Armadas y de los Ministerios claves para controlar cada hilo de la República a su antojo.

Gabriel Diaz era un joven abogado, cuya presencia en el Comando Regional 118 se debía a que era sobrino del General de Brigada del ejercito Esteban Diaz. Desde hacia algunos años Gabriel trabajaba impecablemente cumpliendo sus funciones como asesor legal del Destacamento. Él trataba por todos los medios de hacer cumplir la rectitud dentro del cuerpo de funcionarios, labor inherente a su profesión como egresado en ciencias jurídicas a nivel universitario, pero el trabajo era demasiado complejo y lleno de vicios establecidos de manera arraigada en ese mundo lleno de mafias, y el cual mucha gente desconocia.

El abogado Diaz durante aproximadamente 30 años había ejercido el derecho, mostrando honor, rectitud, pulcritud, conocimiento y deseos de crecer como profesional. Sin embargo las condiciones del país, hablando en términos económicos, como morales no se prestaban como para poder seguir ejerciendo por su cuenta. Esta básicamente fue la razón por la cual Gabriel aceptó el ofrecimiento de su tío el General Esteban, misma oferta que había estado en pie desde hacia muchos años, pero por una u otra razón, Gabo siempre había rechazado.

Ahora metido en medio de esa vorágine que significaba tener que castigar a los Guardias Nacionales, el riesgo era permanente. "Guardia….Guardia, acá por favor. Lo necesito ya en mi oficina, ha llegado una queja en su contra", Gabriel llamó a uno de los Guardias para citarlo, a lo cual este respondió, "Doctor pero es que tengo salida a comisión". Gabo le dijo bueno dígale a su superior que no va y lo veo en mi oficina en 10 minutos". fueron las palabras del Doctor Gabriel, quien giró y se fue a su oficina al final del pasillo.

El cuartel en el cual se encontraba destacado el Doctor Gabriel Diaz, era uno de los mas grandes en el Oriente de la Nación, y sobresalía no solo por su imponente estructura. Amen de que el Comando Regional numero 118 era especial ya que estaba inundado con afiches del Presidente Lugo Galvez a diestra y siniestra, esa era la tradición de respeto en las Fuerzas Armadas. Sin embargo lo que indignaba a casi todos los Oficiales de carrera y personal de tropa era ver ondear la Bandera de un país extranjero al lado del tricolor patrio. Este hecho, el cual ya se había institucionalizado, era una verdadera falta de respeto que causaba escozor en quien veía aquella imagen, la cual se había generalizado en todo el país.

"Digame Doctor para que me necesita", llegó diciendo el Guardia Nacional Ortega Gonzalez .

"Pase Ortega, siéntese", le dijo con voz firme el Doctor Diaz, "Usted sabe lo que hizo ayer cierto?", interrogó El Doctor.

"Si Doctor pero eso fue una necesidad tengo a mi niña enferma y no tuve opción", declaró el Guardia Ortega Gonzalez con la voz débil al tiempo que bajaba su cabeza por la vergüenza.

"Mire Ortega yo como representante del alto mando de este comando debería quitarle las tiras y darle de baja. Pero mi condición de ser humano, me dice que debo darle una ultima oportunidad. El hecho de contrabandear cualquier tipo de mercancía, esta tipificado por la ley como delito contra el Estado. Imaginese contrabandear combustible", le dijo tajante. Haga esto de nuevo y no lo cuenta mas, al menos no desde las filas de este destacamento". Las últimas palabras del Doctor Gabriel Diaz parecieron quedar marcadas en el pensamiento del Guardia Ortega Gonzalez, quien antes de salir de la oficina se volteó y le dijo, "Doctor, de ahora en adelante voy a cambiar y no sucederá mas", pero el Doctor Diaz, sabia que eso era falso, quien se iniciaba en el contrabando no salía.

El capitulo que recién había vivido el Doctor Diaz, era el pan nuestro de cada día en la comandancia. El problema era que se le había dado mucha soltura a los Guardias Nacionales, desde aquel Abril del 2002, cuando la lealtad de algunos para con el Presidente, le había valido la consideración especial de parte del ejecutivo. Ese juego de soltar y encoger la cuerda se le escaparía de las manos al Gobierno.

Mientras las Fuerzas Armadas hacían literalmente lo que se les viniera en gana a nivel de grados bajos y nivel medio, la situación iba mas allá en los altos mandos. Las buenas relaciones que tenía el Presidente Lugo Galvez con la Guerrilla del país vecino, le había dado ciertas libertades a los Grados medios y altos de las Fuerzas Armadas. Este hecho en principio iba a ser una travesura, el hecho de dejar pasar un 'kilito' no se veía como una gran cosa, aun cuando representaba una gran cantidad de dinero. Pero de a poco a los Militares se les fue abriendo el gusto por los dólares ganados a montones y en alianza con el narcotráfico, ya no sería un 'kilito' con el cual se hacían la vista gorda, sino que serian toneladas de cargamentos de drogas y cuando el Gobierno se dio cuenta, ya era tarde para detener lo que estaba ocurriendo.

En ese momento ya había nacido un Cartel de militares, cuya ubicación la tenía el Comando Sur de Norteamerica. Los medios de Comunicacion y el mismo Comando norteamericano lo llamaron el Cartel de los Soles, por conocerse que estaba integrado por varios Generales de las Fuerzas Armadas del Pais Sudamericano.

Al momento de ocurrir esto a nivel militar, el Presidente comenzaba a notar que los precios internacionales del petróleo iniciaban su ascenso y de 20 dólares que estuvo cuando le hicieron el paro, ahora el petrolero estaba en torno a los 60.

"Adafel, vente al despacho por favor, convoca a una reunión con varios de los Ministros, traete por favor a quien tenga que ver directamente con el tema energético. Trata de que el grupo no se amplíe mucho, quiero que esta reunión sea privada". El Presidente Galvez luego de dar las instrucciones, colgó el auricular y quedó pensativo con la vista perdida en el horizonte, justo la mirada que afloraba cuando tramaba algo, y esas no eran buenas noticias para el país.

A la reunión que pidió el jerarca de manera inmediata asistieron Adafel Ramiro, Ministro de Energía y Presidente de PDSA , Jorge Armani, Ministro de Planificación, Nelson Melendez Ministro de Finanzas, y Ramon Parra Ubaldo, Presidente del Banco BUV.

"Señores como están?, espero que bien y descansados porque la reunión se puede extender", (Carcajadas), lo sabemos Presidente lo conocemos bien respondió Adafel Ramirez, quien era uno de los mas cercanos a Lugo Galvez.

"Han visto como ha comenzado a subir el Petroleo, cierto?, bueno necesito que hagamos unas mediciones y proyecciones porque se acercan una serie de eventos y tenemos las arcas medio vacías. el petróleo ha estado muy por debajo del precio que debería tener". Con esas palabras el Presidente hizo su introducción.

"He escuchado algunas historias que no me gustan en torno al personal de tropa, y no quiero errores allí", frunciendo el ceño tomo un sorbo de café, y se levanto como buscando algún hilo verbal para poder iniciar el discurso que tenia en mente.

"Por el momento el Barril de Petroleo esta ubicado en 60 dólares, pero sé que ese precio pronto será superado. He estado conversando con el Comandante Valastro y prevé que el alza sea lenta pero firme para los próximos meses. Por eso y atendiendo su recomendación, es que los he convocado hoy". Y ejerciendo presión sobre su barbilla, continuo diciendo, " Mi deseo es que de hoy en adelante, o bueno desde mañana pues, comencemos a planificar. Armani, toma nota. Vamos a calcular el Presupuesto Nacional en base a ingresos por el orden de los 60 dólares el Barril de Petroleo. Es decir el gasto publico se mantendrá por debajo de ese monto, obviamente que siempre tendremos una banda de protección para emplearla en las Misiones". La concentración de Lugo Galvez era intensa cuando de numero se trataba, porque él sabía que de eso dependían sus discursos populistas, sabia que las masas se movían con dinero y con el verbo que la providencia le había otorgado.

"El excedente a partir de los 60 dólares, irá a una partida especial que manejaré a mi discreción, por supuesto siempre con los consejos y asesoría de todos ustedes, pero esto no debe salir a la luz pública. Que los medios saquen sus conclusiones, pero yo haré público esto que estoy haciendo, cuando lo crea conveniente. Por lo pronto esa es la linea principal de acción y a partir de allí ejecutaremos todos los proyectos que tenemos planificados", el Presidente concluyo el punto y se disculpó porque iba a la mini cocina de despacho a servirse otra taza de café, que por ademas estaba delicioso. "quieres uno Armani?", a lo cual respondió, no gracias Presidente ya tomé antes de venir.

Al regreso el Presidente continuó su charla, y dijo, "Ademas tenemos algunos pendientes grandes que debemos contratar pronto, y uno de ellos es la nueva base de datos de identificación de la Población, de lo cual se encargara el Comandante Joel desde la Isla con gente experta que nos creará un sistema de identificación para saberlo todo. Es una sistema para crear una nueva base de datos, que reúne la identificación, la data de la posesión de propiedades, el pago de impuestos. Se sabrá hasta por quien voto la persona pues, es decir todo lo que necesitamos saber para tener control absoluto de la población. Y eso viene con su respectivo pasaporte, es decir que eso nos garantizara controlar cualquier eventualidad", con este comentario dio paso a cada uno de los asistentes, quienes ofrecieron sus puntos de vista, obviamente para no ser tomados en cuenta.

El Presidente estaba claro desde el primer día que decidió lanzarse a la aventura del fallido golpe de Estado y solo escuchaba al Comandante Joel Valastro, quien utilizándolo le brindo todo su apoyo incluso con Armas y municiones, mucho mas ahora que se encontraba saboreando las mieles del poder.

La historia de esta trama, tiene diversas tonalidades y pese a que obedecen a un único fin, se tejió con diferentes tipos de hilo, algunos mas fuertes que otros, pero que de igual manera ataron y juntaron para darle solidez al plan.

Consolidada la primera fase, cuya meta era colocar en el poder al carismático Lugo Galvez, aprovechando a una población huérfana de un líder, de alguien llenara ese vacío de una colectividad que pedía a gritos que alguien le brindara afinidad de clases y que transmitiera sensación de pueblo, es decir que utilizara lenguaje 'Populista', ahora venia el paso mas fuerte que era avanzar quitándose el antifaz, o careta que hasta el momento había tenido el proceso revolucionario. Pero para hacerlo se debían tener primero las herramientas para encausar el río en caso de que pretendiera desbordarse. y eso partía del principio de 'garantizar las elecciones' a como diera lugar. Entiéndase: Como sea.

"Henry hermanito como estas que bueno verte. Carajo han pasado como 3 años desde nuestra ultima cerveza", y con un abrazo Rodolfo saludo a su mejor amigo en el interior del país, bueno se diría el mejor amigo de todos.

"Rodolfo como te va que de tiempos. Bueno con esto estamos comprobando que no somos amigos, sino que somos hermanos, mijo dame otro abrazo", y Henry quien era un tipo bonachón de esos amigos para toda la vida le dio un abrazo a su hermano perdido, es decir a su hermano que por cuestiones del destino había debido partir primero al exterior y luego a la Capital para desarrollar su carrera, pero como el Pais Sudamericano estaba viviendo unos años tan volátiles,. ahora tocaba aprovechar que estaban juntos para compartir y ponerse al día sobre tantas cosas.

"Rodolfo cuéntame como esta Bella y Dieguito, deben estar ya trabajando!", exclamo exageradamente Henry cuando pregunto por los hijos de Rodolfo.

"En realidad si gordo están grandes y hermosos, gracias a Dios, y son de un inteligente que hermano a veces me quedo en shock, en realidad todos los carajitos hoy día son así, pero los míos rompieron el molde", le respondió Rodolfo.

"Es que se veía que iban a ser así. Todavía recuerdo a Bellita, cuando de chiquita era tu llaverito, no te dejaba ni a sol ni sombra", bromeó Henry con Rodolfo, y este le dijo, "Mijo te cuento que todavía es así…jajajajaja" y ambos soltaron la carcajada.

"Aja y como esta Mery?", pregunto Hector.

Mery esta igualita, fisicamente, pero cada día la veo mas hermosa", le respondió Rodolfo. y hubo risas de satisfacción de ambos.

Henry era un tipo de esos que poseen un humor que a todos gusta y por eso atrae tantos amigos, de diferente nivel, o condición social, pero eso también tiene que ver con su capacidad para las ventas, por haber sido comerciante toda su vida. Era lo que podríamos llamar un relacionista de nacimiento. Podía tener amigos detectives o policías, pero al mismo tiempo podía tener conocidos que pertenecieran a la mafia, e igual se las llevaba bien con todo el mundo.

Rodolfo que vas a hacer esta noche, quiero contar algo de Luis Larreal, te acuerdas?, le pregunto Henry, y Rodolfo Respondió, "Quien el pícaro que estafó a la Universidad !"
"El mismo que viste y calza, agárrate que lo que te tengo es lomito", le respondió el Henry, y luego quedaron en verse en la noche para dar una vuelta en su carro.

Hunk…hunk…(Sonido de clacson)
"Hey, bajando", gritó Rodolfo por la ventana, para luego despedirse de Mery con un beso y salir de la casa. Una vez en el carro no faltó el habito de mirar a ambos lados, debido a la inseguridad que existía en todas partes.
"Carajo Henry y esta nave?, es tuya o prestada?, dijo Rodolfo, a lo que Henry respondió, " A vaina pero y entonces", y ambos comenzaron a reír, no sin antes escuchar un piquete de neumáticos, como para emocionar la jornada.

Henry no se aguantó y de una vez inició el cuentico que le tenia. Resultaba que este amigo de Henry, Luis Larreal, era un tipo informático que había hecho de las suyas en una universidad del interior del país, y con la estafa que hizo le quedaron unos cuantos miles de dólares. y como ambos lo conocían, eso fue la comidilla por años. Cada vez que había una estafa en la zona, de una vez recordaban a ese individuo, aun cuando no fuera él.

Resulta que meses atrás había ido a visitar a Henry y el gordo como buen anfitrión, siempre invitada a sus amigos a dar una vuelta. Aquel día Henry llamo a un par de amigas, y entre trago y trago no saben a donde fueron a parar, lo que si recordaba el Gordo, era que Luis le había comentado que había creado un software para manipular los procesos de votación, es decir para permitir alterar los resultados en cualquier proceso eleccionario, y que esto le había permitido tener amistad con varios personajes del gobierno.

Entre la emoción de los tragos y el par de mujerones que estaban con ellos, Jorge soltó todo tipo de comentarios y Henry, quien bebía poco, se podría decir casi nada, recordaba todo a la perfección.

Pero mas allá de lo que ocurrió esa noche, al día siguiente Larreal se apareció en la casa al Henry, preocupado este por lo que pudiera haber dicho con los tragos, y Hector le respondió "Hermano lo que dijiste está en una tumba así que tranquilo, echele pierna", luego de esto siguieron la rumba, por lo cual Henry le garantizó a Rodolfo que todo era cierto.

Ese software iba a ser probado en las elecciones parlamentarias en Diciembre de ese año, 2005 pero no hizo falta porque los candidatos de oposición se retiraron precisamente por no confiar en el juez electoral, es decir en el CEE, aun cuando se dice que el promotor de la idea de retirarse de la competencia electoral, formaba parte tras bastidores de los colaboradores del gobierno.

En ese momento no había salida para la oposición, ya que al participar aceptaban las normas del arbitro Institución que estaba conformada por miembros de la revolución de doctrina comunista, tal era el caso de su Presidente hasta ese año 2005 Jose Ortiguez, hijo de uno de los secuestradores del caso mas sonado en la historia de Venezuela. Ortiguez fue precisamente quien configuró el equipo de creación de la nueva plataforma digital para elecciones electrónicas.

El sistema se perfeccionaría y sería utilizado al año siguiente en las elecciones Presidenciales, llamándose finalmente 'Transmatic'. De allí en adelante no había proceso que se resistiera a los ajustes y acomodos de este sistema de elecciones digital y sería lo que mantendría al gobierno solido como una piedra.

"Imaginate esto Rodolfo", decía Henry, " En un inventario el código de barra de un producto se registra en el sistema de una empresa mediante cualquier aplicación creada para tal fin. Tu a 'X' producto, por ejemplo a un frasco de mayonesa con su código de barras, puedes cambiarle el precio en el sistema. Por ejemplo cuando llega el producto cuesta 4 dólares. Faltando dos meses para su vencimiento introduces en el sistema que el precio debe cambiar a 3 dólares y faltando un mes para que se venza el precio en el sistema será de 2 dólares", explicaba emocionado Henry porque había entendido perfectamente de que se trataba.

"Te das cuenta que con el mismo código de barras programando el sistema, has sido capaz de cambiar el precio automáticamente con el mismo código de Barras, cierto?", le explicaba Henry a Rodolfo, quien ya había captado el sentido de la aplicación.

"Bueno, ahora imagina que el Código de barras sea tu Huella digital, y que el cambio automático del precio en lugar de ser 4$, 3$ o 2$, sea un numero de cédula a una hora , y otro numero de cédula a otra hora , y otra!! voilà !!", concluyó Henry con Rodolfo atontado por la sorpresa.

"Claro", gritó Rodolfo con los ojos fijos en el horizonte, "Esa es la forma tan idiota como han logrado multiplicar sus votos. y esa esa la razón por la cual nunca van a perder con este sistema", dijo Rodolfo Vega con los ojos primero perdidos, para luego verlos como se encendían de la rabia e indignación.

"Que vagabundo es ese Larreal, que desgraciado, ese tipo alguna vez se enfrentara a la justicia", fue lo único que atino a decir Rodolfo ante la información que le había dado Henry.

"Por cierto Rodolfo, tu te acuerdas de Deisy, la del cuerpo bonito?", le dijo Henry de manera obviamente expresiva a su amigo.

Si claro como no me voy a acordar con ese ángulo trasero tan hermoso", confirmaba asi Rodolfo que hablaban de la misma persona.

"Bueno te voy a comentar algo delicado. Ella esta empatada con un tipo Norteamericano. Pero lo complicado es que ese tipo es de la CIA", comento Henry con cierto tono de complicidad y hablando entre dientes.

"Mi alma Henry y que hace un agente de la CIA en nuestro país ?", preguntó extrañado Rodolfo.

"La verdad no se y no quiero saber tampoco. Lo único que te puedo decir es que ella esta muy mal, porque desde hace dos meses el carajo no aparece. No llama no escribe un mail, incluso su WhatsApp está inactivo y jamas había desaparecido de esa manera", le explico Henry a un curioso Rodolfo que de inmediato comenzó a sacar conjeturas.

Lo que pensaba Rodolfo era que la pareja de Daisy hubiera sido descubierto y secuestrado, como en efecto ocurrió. Luego de investigar con sus amigos de inteligencia militar, el agente de la CIA Mike Carvajal, había sido capturado por agentes del F3 de la Isla, en un operativo encubierto conjunto, con el cuerpo elite de la Dictadura llamado Movimiento de Operaciones Tácticas de Inteligencia 'Motin', saliendo de un centro comercial en la ciudad capital. Por esta razón desde hacia tanto tiempo Daisy no sabía nada de su pareja.

Al momento de la captura él había alegado que era un religioso que se encontraba en funciones de captación de feligreses en la República Sudamericana. Obviamente la dictadura no se iba a comer ese cuento, por lo que de inmediato fue encarcelado y torturado. Este agente a la postre iba a ser clave por la cantidad de información que manejaba.

En aquellas elecciones Presidenciales del 2006, se habría puesto en practica el sistema fabricado a la medida, ese que tanto necesitaba el gobierno para poder quitarse la mascara con tranquilidad. Ahora podían reconocer que el propósito era transformar el sistema para convertirlo en socialista-comunista y si algún líder, grupo o partido Político les acusaba de antidemocráticos, entonces se daban el lujo de esgrimir la palabras: 'Elecciones' !! como argumento para mantenerse en el poder con aquel oculto fraude.

Pero quedaron dudas, hubo algunas imprecisiones, propias de quien instaura un proceso por primera vez, y una de estas fue la certeza que tenía el candidato opositor en la carrera presidencial Miguel Morales, de haber obtenido el triunfo, para posteriormente a altas horas de la noche, ya prácticamente al amanecer cambiar por completo su actitud. Había quienes lo acusaban de haber aceptado algún tipo de soborno, pero la teoría que mejor se adaptó, al momento, fue la de amenazas a su grupo familiar.

Sin embargo el tiempo develaría que , entre el momento de cerrar las mesas electorales y el momento de dar los resultados al amanecer, se habían hecho los ajustes digitales correspondientes. De hecho en los días subsiguientes comenzaron a aparecer paquetes sobre paquetes de material electoral incendiado. Las conocidas actas electorales.

El siguiente paso del plan era manipular y reacomodar la data de identificación de la población, con el objetivo de 'controlar' todo. Para ello, y fue propiamente el momento de quitarse la mascara, colocaron al frente de todos los Registros y Notarias publicas del país, personal nativo de la 'Isla' con el mayor descaro del mundo, porque cualquier sublevación, la podían manejar, con la palabra 'elecciones'.

El país sintió un vuelco en el corazón, estaban entregando la soberanía a personal extranjero, era la invasión en su momento culminante. Pero simultáneamente con el petróleo subiendo en los mercados, estaban entregándole al pueblo de manera gratuita equipamiento para sus casas, desarrollando las misiones, donativos y cuanto chantaje se les pasara por la mente al Traidor de Palacio y a sus secuaces, para mantener a la población distraida. El propio opio en las narices del pueblo, mientras se ejecutaba la invasión del sistema nacional de identificación y extranjería.

Los invasores podían obtener los datos personales de un ciudadano, cantidad de propiedades, la cantidad de impuestos pagados e incluso saber por quien había votado en cualquiera de las elecciones, porque era un sistema interconectado que incluso fabricaba la cédula de identidad y el pasaporte. Lo grave de esto para el mundo, era que a partir de esa fase, desde la Isla comenzaron a otorgar pasaportes a ciudadanos cubanos, Chinos y hasta del Medio Oriente, mismos que cometerían hechos terroristas sancionados a nivel internacional.

De inmediato y para mantener el control sobre las clases populares, se inicio la fase de expropiación de tierras a sus dueños para entregarlas a personas que en la mayoría de las ocasiones no tenían la menor idea de como se regaba una planta. Esto provocó enfrentamientos entre los ciudadanos de una sola nación producto de la intervención de un país extranjero invasor.

De esta manera con la toma de la data de identificación de toda la población, los hermanos Valastro clavaban su Bandera en Territorio Nacional, y por consiguiente se estaba completando la segunda fase de la invasión.

Pero faltaba solo un elemento, para hacer de la Amana en la Isla, la Capital del Pais Sudamericano. Un sistema indetectable por los sistemas satelitales del mundo.

Sería ese, el Cable Optico?

Capitulo 8

2008

Fronteras afuera el mundo veía estupefacto todo lo que ocurría en la Nación Sudamericana, pensando que era un nicho de democracia, a juzgar por la cantidad de procesos eleccionarios que realizó el Gobierno de Lugo Galvez hasta la fecha, sin saber que detrás de todo existía una invasión silenciosa que mantenía en el poder a los hermanos Valastro. Pero no todos estaban engañados.

En la República de Columbia, existía un Presidente corajudo quien nunca fue engañado por los comunistas invasores, y desde su llegada al poder en Agosto del 2002 hizo frente al gobierno de la República Sudamericana, misma que protegía en su territorio a los guerrilleros de las FAR, y esta razón fue suficiente para que desde su llegada tratara con mano de hierro a su homologo Lugo Galvez.

Esta historia de pasiones entrelazadas toma su punto mas álgido cuando Jose Manuel Zancos, Ministro de la Defensa del vecino país y en el 2008 en medio de una limpieza que hacía el ejercito de Pais vecino en la frontera con el Ecuador un grupo de guerrilleros fue atacado y dado de baja. La única situación extraordinaria era que el grupo de rebeldes había pasado la frontera hasta territorio ecuatoriano, por lo cual se iniciaría una protesta internacional, que incluso hubiera podido llevar al Ministro Zancos, antes cortes internacionales.

Posterior a ese evento y recibiendo un voto de Confianza del Presidente Jose Uriche, y hasta cierto punto para protegerlo toda vez que siendo Presidente cualquier tipo de acusación levantada en su contra tardaría mas de lo normal, Zancos es designado para sucederle en la Casa de Gobierno de Columbia, por el hecho de que Uriche estaba terminando su segundo mandato consecutivo.

"Jose Manuel, vista la confianza que he depositado en usted, y vista la labor que ha desplegado desde el Gobierno, durante el tiempo que la nación ha requerido sus servicios, he decidido brindarle mi apoyo para que usted se lance a la candidatura, para tratar e ser el próximo Presidente de nuestro pais." , Palabras mas palabras menos era el mensaje que le había dado Uriche a Zancos. Éste con ojos desorbitados aceptó, obviamente con el todo el gusto del mundo.

A la postre Zancos sería el Presidente. Sin embargo estaba pendiente el asuntico del ataque a los guerrilleros donde se recupero valiosa información del cabecilla guerrillero Paul Rey, y esta información había llegado a manos de los Estados Unidos, puesto que para el momento del ataque los Estados Unidos tenía varias Bases militares en territorio neogranadino para luchar contra los delitos del area.

Una vez Zancos ganó la Presidencia lo primero que hizo fue reunirse con su homologo de la República Sudamericana, quien hasta el momento le había dicho de Maldito para abajo y que nunca se iba a reunir con un representante de Uriche. Pues acto seguido Lugo Galvez con el rabo entre las piernas fue a Ciudad Tagena a Reunirse con su par. La reunión fue privada y secreta, y de allí salieron siendo los nuevos mejores amigos.

Tras bastidores se supo que en esa reunión tanto Zancos como Lugo Gamez se comprometieron, uno a guardarse cierta información clasificada en unos correos recuperados del portátil de Paul Rey, y el otro a gestionar ante el Presidente Radames

Correa, no ejecutar la denuncia ante los organismos internacionales. Siempre y cuando derogara los permisos concedidos a los Norteamericanos para operar en las siete Bases militares en territorio de la República de Columbia.

Dicho y hecho de a poco la presencia norteamericana se vio reducida a petición del Ejecutivo de la Casa de Nariño.

…2011

"Jose Antonio buenas tardes, como has estado, es un placer verte", de esa manera Rodolfo saludaba a Jose Antonio Fernandez, un hombre trabajador a cargo de la administracion de una de las Estaciones de Servicio mas reconocidas del occidente del país. Rodolfo quería develar que ocurría con el descalabro en cuando a la producción, distribución y venta de la gasolina.

"Rodolfo ahora mismo estoy que no puedo ni hablar, aquí están los Guardias Nacionales pendientes de todo y no puedo detenerme, si tu quieres dame un poco de tiempo para agilizar las cosas y conversamos para explicarte que sucede, y eso no lo puedo hacer delante de estos ladrones uniformados de verde", Asi de tajante y claras fueron las palabras de José Antonio.

Rodolfo le dijo que si que lo esperaría con gusto, que no se apurara que el estaría allí para conversar con él.

En ese ínterin Rodolfo fue tomando nota y con habilidad de los periodistas con olfato se puso a conversar con uno de los guardias, diciéndole que el también había sido militar, con lo cual el Guardia se sintió identificado, unos cuantos términos de orden cerrado, mencionando escuadra y pelotón y promoción a la cual perteneció, y se ganó su confianza, al punto de apartarse de la estación de servicio atravesando la acera, para compartir un cigarro.

"Cabo, o te puedo llamar Oscar?", le pregunto Rodolfo a su nuevo amigo.

"Me puedes llamar Oscar, no hay problema", le contesto el Cabo de la Guardia Nacional.

"Porqué este desorden en la venta de combustible, no se entiende. Acaso no producimos y distribuimos nosotros?", preguntó Rodolfo y riéndose el Cabo contestó, "La verdad es que yo estoy aquí cumpliendo ordenes, pero sé que no hay mucho combustible, el que llega por los barcos del exterior se desvía y desaparece, es lo único que sé".

Esa fue la respuesta del militar quien estaba acompañado por un colega de rango menor, y entre ambos evitaban las peleas naturales de los usuarios, quienes eran presa del desespero por la falta de gasolina y por el cansancio de estar en una cola de 4 y 6 horas para llenar el tanque.

En una de esas, el Guardia le dijo a Rodolfo que lo disculpara porque se iba a prender otra pelea, y raudo atravesó la calle para llegar a tiempo y evitar una pelea a mano limpia entre dos ciudadanos. Ambos fueron arrestados uno por agredir a un ciudadano y el otro por faltarle el respeto a la autoridad.

En ese momento por fin se había desocupado el Señor Jose Antonio, quien invitándolo a pasar hasta la oficina le explicaría el porqué eso estaba así desde hacia tiempo, e iba para peor.

"Rodolfo voy a ser breve mira como está esto. La situación es que los militares están contrabandeando el combustible pasándolo hacia el otro lado de la frontera. Es un negocio mas lucrativo que el narcotráfico", le dijo el señor Jose Antonio a Rodolfo quien frunció el ceño como queriéndole decir que le estaba tomando el pelo.

"No no me mires así, es la verdad. Te explico, de la manera mas sencilla. Un Camion Cisterna lleno de gasolina contiene 38 mil litros. Cada litro se comercializa al publico en 1 olivar. En pocas palabras el litro de combustible cuesta 0.000001 centavo de dolar, utilizando la taza de cambio de Un millón de olivares , explicaba con toda la experiencia del mundo, quien durante 40 años había llevado las riendas del negocio de combustible mas antiguo de la ciudad.

"Rodolfo cuando tu multiplicas 38 mil litros de gasolina por 0.000001 centavo de dólar da 0.038 centavos de dólar el costo total de la cisterna. Es decir que el costo de todo el combustible contenido en la cisterna es de menos de medio dólar. Los militares están desviando directamente las Gandolas de gasolina desde el puerto a la frontera donde la comercializan a precios internacionales", continuaba su explicación Jose Antonio.

"El precio de la gasolina en Columbia es de 0.80 centavos de dólar es decir que los militares vendiéndola a la mitad, 0.40 están teniendo una ganancia por camión cisterna de aproximadamente 15 mil dólares. Entonces pregunto como empresario, que parte no entiende el gobierno?", pensó en voz alta Jose Antonio, a lo que el mismo se respondió, "Lo entiende todo, pero los militares son quienes mantienen ese gobierno en el poder". Jose Antonio finalizó su relato, y se excusó por tener que volver al pandemónium que tenia en la Estación de Servicio. Se despidió con un apretón de mano, y Rodolfo agradeció enormemente por el tiempo que le dispensó.

Rodolfo de inmediato saco cuentas y pensó que ese negocio era mas rentable que el narcotráfico, mientras obviamente hubiera materia prima, es decir Gasolina. Pero que pasaría cuando no hubiera. Se detendría esa industria?, o seguiría esa anarquía en las zonas fronterizas entre el Pais Sudamericano y la hermana República.

Su mente se fue abriendo al entendimiento y ahora podía calibrar porque los militares no iban jamas enderezar aquel entuerto, al menos mientras pudieran sacar provecho de aquella industria. De inmediato sintió deseos de conversar con Gabo, ya que en sus gestiones como abogado del Comando Regional 118 tal vez podría darle mayores luces en torno a este tema del contrabando y salió rápido a tratar de encontrarlo.

"Hola Gabriel, estas ocupado?", preguntó con un tono enfático, como diciéndole a Gabriel intrínsecamente que lo recibiera si o si. Al otro lado de la linea se sentía al Doctor, como a veces en tono burlón Rodolfo llamaba a Gabo, cuando este le decía, "Bueno que más ya no tengo escapatoria, vente pero traes café porque el de aquí se acabo, ya ni café hay aquí", espetó Gabriel.

Rapidamente Rodolfo respondió, "Perfecto llego en un minuto estoy afuera", dijo Rodolfo, y Gabo respondió, " Carajo".

Al llegar lo que mas le chocó fue ver la bandera de otro país izada en el cuartel ademas de las fotos y afiches del Presidente Lugo Galvez, "Coño hermano será posible que uno al entrar aquí tenga que ver en tantos afiches a esa gente?, no es mejor colocar imágenes de nuestros próceres?", dijo Rodolfo en tono de disgusto, y continuando su entrada a la oficina de Gabriel, lo saludo con un abrazo.

"Que bueno verte y saber que estas bien. Gabo, no te quito mucho tiempo solo quería que habláramos un poco del tema del combustible, y en un tono prácticamente de susurro, Gabo le respondió, "Coño Rodolfo para eso viniste?. Salgamos y hablemos afuera yo brindo, que bolas tienes tu." Y cerrando la puerta se fueron al café mas cercano.

Ya en el carro Gabriel le pregunto que si no quería meterlo en problemas, que no volviera a hacer eso. Le comento que ese tema era agotador para él todos los días habían denuncias, incluso entre los Guardias se peleaban entre ellos para que les asignaran en la zona fronteriza, y lo que hacían era que luego de las asignaciones ellos mismos se organizaban para turnarse, para que de esa forma les tocara un periodo a cada uno.

" Esta situación se esta saliendo de control, porque los que lideran este tipo de contrabando no son los Guardias o las planas medias, son los Generales y Coroneles quienes tienen el control de esta mafia", esa fue la respuesta a la pregunta que le hizo Rodolfo entrando en su oficina, por eso salió prácticamente corriendo del cuartel.

"Y que piensan hacer?", pregunto Rodolfo.

"La verdad no sé y tampoco me interesa mucho averiguarlo, porque podría ser peligroso. Si te digo que los niveles de corrupción y de contrabando se están poniendo a la par de los hechos de narcotráfico, donde también existe personal Militar involucrado. Rodolfo lo siento pero no respondo mas nada, tu vas a hacer que me maten, como hicieron con 'Pepo y su hijo", dijo rápido Gabo.

"Quienes son", pregunto Rodolfo.

"Coño Rodolfo, son no, fueron. 'Pepo' fué un Ex Comandante de la Policia quien fue asesinado al lado de su hijo luego de salir de una Ceremonia religiosa, como venganza de las mafias de la gasolina en la zona fronteriza", respondió con semblante de nostalgia ya que el oficial del cual hablaba era uno de los mas honestos del Departamento de la Policia.

"Tengo que regresar a la oficina tengo algunos casos pendientes", y tomando rumbo al cuartel, Gabo le pidió a Rodolfo que se estuviera con cuidado porque estaba indagando en terreno minado. Todo el mundo estaba involucrado en las mafias, tanto de la gasolina, como del narcotráfico.

Las elecciones del 2006 habían servido de ensayo para la perpetuidad con un sistema electrónico absolutamente manejable por el gobierno. Cada proceso eleccionario iba a ser ajustado de acuerdo a las necesidades del momento. es decir de acuerdo a las matrices de opinión, volumen de electores en la calle y contundencia de la labor de la oposición. Un sistema que quedaría blindado con el punto del plan que faltaba. El cable Optico que "le llevaría a la Isla internet para sus pobladores". Al menos ese fue el argumento utilizado para no levantar sospechas.

Las labores de tendido tomaron aproximadamente un mes en su primera etapa y luego una semana, llevando una fragmento del cable hasta la Isla de Llamaica, con lo cual se pretendía ocultar la real intención del proyecto. Es asi como en el año 2011, concluyó el tendido de este cable cuyo objetivo era interconectar ambos paises, la Nación Sudamericana con la Isla, en el orden digital, y era el colofón de la segunda fase de la invasión iniciada en 1998.

A pesar de los variados y rebuscados argumentos, todos los expertos, coincidían en que nada bueno había detrás de aquel proyecto internacional, pero muy pocos pudieron detectar en el momento, cual iba a ser el macabro plan controlado desde la Isla.

Previo a la Instalación del ultimo eslabón del plan, en el año 2007, el gobierno, solicitó ante los órganos del Estado, los cuales elementalmente estaban bajo su mandato, la realización de un referéndum para consultar a la población sobre su propuesta para reformar la Constitución y profundizar su proyecto socialista. Pero fue rechazada, según lo reflejo el CEE por un muy estrecho margen, declaración que posteriormente seria discutida, porque se presume que el margen fue aplastante. En medio de todo, esta victoria iba a ser una especie regalo que haría el nuevo sistema electrónico de votación, como para dejar sentado que el sistema era confiable para uno y otro bando, porque el evento que realmente necesitaba la Revolución, era el próximo referéndum donde se aprobaría la perpetuidad en el poder de los hermanos Valastro.y del Galactico como ya comenzaban a llamarlo.

Es asi como en el 2009 el Gobierno de Lugo Galvez solicitó un nuevo Referéndum donde obligatoriamente tendrían que vencer con la finalidad de eliminar los límites a la reelección de cargos públicos fijados en la Constitución de 1999. La votación se llevó a cabo en febrero del 2009 y el "Sí" ganó con casi el 55 por ciento de los votos. con lo cual el actual Presidente y ficha de la Revolución comunista, quedaba habilitado para postularse a la Presidencia por siempre y con el sistema blindado de elecciones electrónicas, la obra estaba concluida.

"Mira Gonzalo, busca por allí una rodillera. Tengo una molestia que no me deja caminar y debemos resolver porque hay que salir de gira. Ademas debo verme con el Comandante Valastro para comenzar a coordinar el proceso de elecciones del próximo año. Ademas quiero ver a Vilma porque vamos a firmar unos convenios con la empresa Odetec, la cual se ha portado con Vilmita de manera especial". Galvez había terminado de pedir su rodillera, bromeando como siempre tenia acostumbrado pero a su vez daba muestras de que la molestia seguía allí, pese a los antiinflamatorios que le habían sido suministrados.

"Presidente hágame el favor de mantenerse sentado, usted no puede estar como siempre danzando para alla y para acá en el avión como si nada pasara. Todos estamos bastante preocupados y tenemos que hacer revisiones mas profundas de esa rodilla". Asi le llamaba la atención su inseparable compañero Tomas Dabajuro, quien fungía como su canciller, quien de paso regañó al Presidente por la poca cautela que tenía al momento de cuidar su integridad física.

Muchos allegados se preguntaban el porque de esa cercanía de Tomas Dabajuro para con el lider de la revolución en el país Sudamericano, y tal vez eso obedecía a las ordenes de la Isla toda vez que este había sido formado con la doctrina comunista de la cual Galvez solo tenia un nivel primario. Lo cierto es que no lo dejaba ni a sol ni sombra, al punto de provocar el alejamiento de los hombres mas cercanos y que estuvieron con él al frente de las asonadas militares que protagonizaron.

Cual seria el interés de la Isla? Acaso estaban preparando a Tomas Dabajuro para algo? Solo el destino podría develar lo que iba a ocurrir.

Luego del arribo a la gran nación del sur donde reina la 'Samba', el Presidente Galvez se sintió un poco mas descansado lo cual alegró sobre manera a la comitiva que estaba de gira. Al Presidente le habían quitado el café de su dieta, y en su lugar cada vez que pedía café, le daban un té de romero o un té de tilo.

Así las cosas iniciaron las reuniones con la empresa gigante de America latina cuya relación con los diferentes gobiernos del continente era exagerada. En el pasado ninguna empresa había tenido tantas relaciones con tantos gobiernos en la America, y posteriormente se sabría el porqué.

"Dilmita…. Dilma de mis amores, como estas hermosa Rosa que florece en cada salida del sooooll", fue la estrofa improvisada que el Presidente Galvez le había cantado a su homologa Vilma Yusef, quien por ademas estaba aleteando como aturdida.

"Hola Lugo gracias por estar con nosotros, ven siéntate y déjate de esas cosas que me sonrojas", se dijo con la cara ruborizada, y no precisamente a causa del maquillaje. "Espero que el viaje haya estado relajado", le deseó y éste le respondió absolutamente que si, que estuvo excelente.

"A ver Lugo te presento al representante de la empresa que mejor relación tiene con nuestros ideales sociales, el Ingeniero Robertinho Tunja". Vilma hizo las respectivas presentaciones y de inmediato comenzaron a trazar estrategias, pero sobre todo a echar numero y a coordinar fechas de contratos, inicios de obras y adelantos de dinero para poder ejecutar.

La empresa en cuestión era un monstruo que había expandido acciones en todo el continente. Con oficinas en el Norte, este grupo constructor ganó licitaciones a diestra y siniestra, literalmente hablando. Desde los estadios del mundial de futbol Brasil 2014, hasta remodelación de obras para los olímpicos 2016 que igualmente se iban a desarrollar en el coloso de America del Sur.

Esa empresa podía construir desde palacios deportivos, hasta apartamentos de nivel social para satisfacer a sus clientes. Debido a esta versatilidad eran considerados los gigantes del area Americana y por ello un aliado de los gobiernos de turno.

Inició entonces la fase de ofrecimiento de pagos, con fechas, y las muy importantes comisiones, recordando que siempre el canciller Tomas Dabajuro estaba presente maletín en mano para asistir cada decisión y cada acción de su Presidente. Comenzaba así la danza de millones, correspondiente a los pagos por concepto de contratación de diferentes obras para ser realizadas en territorio de la Nación Sudamericana. Pese a que era una reunión preliminar, todo indicaba que se iban a llevar a las mil maravillas, ya que poseían iguales intereses, ambas partes eran como cortadas por la misma tijera.

A todas estas, el petróleo continuaba su escalada, y a ese ritmo aumentaban las carcajadas de los jerarcas, latinoamericanos. El efecto era como una regla de tres, a mayor subida del precio del crudo los ingresos de la Nación mas rica del mundo en cuanto al oro negro eran mayores para sus aliados del area, y eso significaba petróleo prácticamente gratis para todo aquel que se hubiera anotado en la expansión del proyecto comunista de los hermanos Valastro.

Quedando todo en orden se proyectaron mas reuniones con la empresa constructora, encuentros que se efectuarían en el patio de Lugo Galvez. "Allá los espero para que nos comamos una buena carne en vara o un puerquito a la brasa, bueno si Dabajuro me deja, ya que está cuidando mi salud", en medio de las risas esas fueron las palabras que ofreció a sus nuevos amigos el Presidente antes de abordar su avión para continuar su gira. Partió entonces rumbo a la Amana, capital de la Isla.

No bien tocó tierra el avión Presidencial, fue recibido rápidamente por una comisión poco habitual en estos casos. Por lo general se encuentran los cancilleres o el Presidente. Esta vez el mandatario Sudamericano, fue recibido por un equipo de paramédicos, ante el anuncio previo del malestar del Presidente.

Rápidamente lo trasladaron a hacerse una revisión completa tipo 'A' ya que el problema de la rodilla persistía y no querían descuidar nada. Los planes estaban saliendo a la perfección y no querían que un imprevisto arruinara los avances que había hecho la Isla en torno a la toma del país Sudamericano.

Una vez allí pidieron al grupo del tercero y segundo anillo de seguridad se retirara por comodidad del paciente, pero el primer anillo se mantuvo inamovible, incluyendo a Tomas Dabajuro, quien seguía al lado de su compañero sin separarse.

Luego de 4 horas de Estudios, además de la espera de los resultados, se supo a que se debía el malestar del Presidente Lugo Galvez. Fue un momento de mucha tensión pero nadie imaginaba el diagnostico. Cuando el medico dió el resultado de los estudios todos quedaron petrificados, como si hubieran anunciado el lanzamiento de una bomba nuclear.

"Señores luego de haber realizado los exámenes completos al Presidente Galvez lamentablemente las noticias no son buenas", atinó a decir el Doctor Remigio Cundriolo, Internista, pero ademas especialista en Oncología. "Tiene un tumor en la zona baja de la cavidad torácica, y dicho tumor tiene células malignas, según los estudios que hemos realizado.

Subitamente comenzó el nerviosismo, las elucubraciones, las conjeturas y los posibles pronósticos, que naturalmente se hacen luego de este tipo de anuncios.

"Un momento, no podemos hacer evaluaciones a priori. Los exámenes deben realizarse de nuevo para poder tener certeza", intervino Paul Valastro, quien había sido notificado y se encontraba en un salon especial en el centro hospitalario donde se encontraba el paciente lugo Galvez.

"Antes de realizar cualquier otra exploración, debemos esperar cierto periodo de tiempo, por cuestiones de protocolo medico", dijo el Doctor Remigio y levantándose salió de la Sala.

El ambiente era totalmente de sorpresa, y de angustia."Que hacemos debemos informar al país", manifestó uno de los miembros de la comitiva.

"NO.....absolutamente no. No podemos dar muestras de debilidad ante el país, y mucho menos estando en el exterior.

Debemos esperar y mantener silencio", dijo contundentemente el canciller Tomas Dabajuro".

Acto seguido comenzaron a censar a los asistentes, y a registrar sus respectivos aparatos telefónicos. Debian impedir la filtración de cualquier fotografía o de cualquier información relativa al mal que aquejaba, al super poderoso Lugo Galvez Riaz.

Mientras tanto en Venezuela se mantenía una tensa calma. Durante el viaje del Comandante, un segmento de la población, aquel que le adversaba, se limitaba a protestar mediante criticas a la gestión y a las intromisiones de los hermanos de la Isla.

Conversaciones en los carritos por puesto, en las colas de los bancos, en los mercados. El pueblo estaba consciente de que había errado en muchas cosas desde el principio. Desde aquel fatídico 1998 cuando por castigo a los viejos políticos la gente había dejado de asistir a las urnas, e incluso en muchos casos dieron su voto al Golpista que puso en jaque la tranquilidad de una nación.

Pasaron varios días y los exámenes se realizaron de nuevo, tomando mayor cantidad de tiempo en su ejecución. Incluso realizaron pruebas extras y algunos procedimientos con técnicas mas avanzadas, pero los resultados fueron exactamente los mismos. el segundo diagnostico revelaba que Lugo Galvez tenia un tumor con células malignas. En términos comunes, tenia un tumor cancerígeno.

A todas estas la rompedera de cráneos era. Primero como decirle al Presidente sobre su condición, y después como hacer el anuncio al país para no perder el control de todo. Gran parte de la población iba a aprovechar la situación para iniciar una nueva fase de movilizaciones y eso aterrorizaba a los miembros del Gobierno..

El primer paso fue decirle al Presidente, pero cualquier esfuerzo por dibujar la información era en vano porque el estaba plenamente consciente de lo que ocurría, de hecho cuando intentaron decirle lo que sucedía, él los atajo diciéndoles tranquilos que ya se todo, pero el equipo gana.

"Pero Comandante como lo supo", preguntó Dabajuro mientras cerraba con pasador la puerta de la lujosa habitación. "Simple sentido común, y con ayuda de algunos piropos a las enfermeras", contestó el Presidente.

"Ahora Dabajuro lo mas importante es idear como informar a la población sin crear pánico", y es que el Presidente en su delirio de grandeza juraba que el pueblo seguía amándolo como el primer día, como aquella tarde cuando salió de la Carcel de Sare, o como cuando lo levantaron en hombros para llevarlo al Palacio de Gobierno. Él no se daba cuenta que el dominio que había ejercido rsu homologo de la Isla, había provocado que su amado pueblo ya no sintiera lo mismo por él. Esa entrega de la patria a otra nación, las dos banderas ondeando en los cuarteles, las instituciones del estado en manos de agentes de la Isla, incluso agentes infiltrados en los Cuarteles de la patria. Todos esos factores ademas de regalar el patrimonio de los Venezolanos, había provocado que su popularidad descendiera hasta niveles nunca antes vistos desde que se lanzo en su aventura golpista.

Ahora encarando la muerte podía ver claramente que le había faltado a su pueblo. Mismo pueblo cuyo yugo eliminó el gran Simon Bolivar, y que ahora él había permitido se instaurase de nuevo.

Fueron tantas reflexiones en tan corto periodo de tiempo. Y pensó en voz alta!, "Tal vez pueda haber una oportunidad de redimirme con mi gente, con mi pueblo", pero esos pensamientos con voz fueron escuchados. Quizás sus deseos de corregir el rumbo fueron entendidos por un tercero. Ese mismo quien con la bajeza de la traición delató aquellos pensamientos audibles sobre de entrega tricolor al dominio extranjero.

Era demasiado tarde. Aquella única persona que había entendido las emociones de quien enfrentando la muerte quería dar marcha atrás a sus bajezas, hablaría, cantaría como canario anunciando que el lider debía desaparecer.

"Presidente que esta diciendo?, acaso usted pretende tirar todo por la borda?", expreso Tomas Dabajuro con ojos desorbitados y el semblante pálido como ave de mal agüero "No quiero pensar que esta arrepentido de todo cuanto se ha logrado por consolidar la conversión de la República Sudamericana al Comunismo", Dabajuro estaba encarando al Comandante Lugo Galvez y este respondió "No se trata de eso, se trata de equilibrio el cual estuvo ausente en mis decisiones. Debí hacer las cosas con un poco más de sentido nacionalista", terminó su conversación y se sentó en la cama ya que el tratamiento que había iniciado lo había debilitado.

Se conoció que el problema de Lugo Galvez Riaz era complicado por la región donde se alojó el tumor. Pero también era cierto que con los cuidados necesarios y la atención en sistemas de salud mas avanzados como los europeos o los Norteamericanos, el Presidente podría salir mejor parado de su situación de salud. Sin embargo la posición política que había mantenido frente a los países 'Imperio', no le permitió acudir en busca de ayuda a ningúno de ellos que tuviera los recursos para salvar su vida. Por el contrario decidió quedarse en manos de quienes habían manejado su vida desde el primer día cuando tomo la decisión de participar en el proyecto de la toma del país sudamericano para su transformación al comunismo.

La metodología utilizada por el Gobierno Revolucionario del Presidente Lugo Galvez Riaz , había estado basada durante toda su existencia, en la planificación milimetrica. En este sentido los argumentos que iban a utilizar para dar a conocer la información al pueblo, tenian que ser dosificados y guiados por la experiencia del Régimen de la Isla.

Para dar las explicaciones sobre el estado de salud del Primer Mandatario Nacional, utilizaban su fabuloso aparato de manipulación mediatica. Pero aquel primer boletín debía ser el mas importante, el que no podía dejar dudas de que lo ocurrido al

Presidente, era algo pasajero, y para ello debían desviar la atención del 'populo', por lo cual para ese entonces tuvieron la brillante idea de liberar a dos mil reos de las carceles del país, con el argumento de la reinserción a la vida y la producción de la Nación. Eso era fantástico por dos vías. La primera por la utilización que le pudieran dar a futuro a esas bandas o grupos de delincuentes que estaban liberando, obviamente bajo condiciones especiales de lealtad hacia el Gobierno, y segundo por el polvorin que levantaría, con lo cual se le restaba importancia, al menos en las clases populares, al primer boletín donde se decía que el Presidente había sido intervenido, obviamente sin mencionar el cancer.

De alli en lo sucesivo seria un libreto en relación a ir divulgando con retraso todo cuanto acontecía con el Presidente es decir que divulgaban el primer hecho, cuando ya había ocurrido el segundo. Dilvulgaban el segundo acontecimiento cuando ya había ocurrido el tercero, y asi sucesivamente, para tener un margen de maniobra ante cualquier eventualidad, como en efecto ocurrió.

El país seguía su rutina, entre los problemas cotidianos y las protestas, entre la inseguridad y el deseo de tranquilidad de la población. Pero había un factor crucial para el proyecto comunista que se estaba gestando y era que Lugo Nataniel Galvez Riaz, debía afrontar elecciones presidenciales dentro de 16 meses. Las elecciones mas importantes en torno a la transformación y apoderamiento de la República Sudamericana por parte de la Pequeña Isla Comunista.

Como podrían hacer los Gobiernos de la Isla y el de Sudamerica para mantener sano al carismático líder que les había dado todo en bandeja? Debían estructurar un plan maestro para hacer los ajustes con precisión milimetrica. Cual seria ese plan?

"Si Papá tranquilo, yo no me voy a meter en problemas, no te preocupes, hasta pronto", Rodolfo tranquilizaba a Don Roberto porque desde hacía algunas semanas este estaba en la Capital cubriendo unas vacaciones, y a raíz de lo involucrado que se encontraba Rodolfo a nivel político, Don Roberto últimamente estaba un poco nervioso.

Aquel año 2012 estaba siendo bastante complicado. Por una parte la población sabía que el Presidente seguía mal a pesar de su pretensión de querer tapar el sol con un dedo. Era evidente el uso de esteroides, efectos secundarios que le causaban tremenda hinchazón facial y corporal. Sin embargo y con el riesgo de morir en el intento, este se iba a lanzar a la reelección. Solo que las elecciones de aquel año iban a ser diferentes, porque debido a la enfermedad de Lugo Galvez, el CEE había planificado adelantar las mismas para complacer la petición de la Isla y del propio Presidente. Quizás no llegaba a Diciembre, por eso era imperioso hacerlas en el mes de octubre.

Mientras esto pintaba el panorama político, se iban desempolvando ciertos temas que durante el período de Gobierno de doce años habían permanecido clasificados. Había sospechas sobre ciertas irregularidades en algunos tópicos, pero no fue sino hasta que Interleaks develó un millar de secretos de Estado, cuando se confirmaron muchas teorías .

El tema del Uranio era neurálgico a nivel mundial, por el hecho de que un país en especifico como lo era Chizan, para la época estaba trabajando para desarrollar plantas nucleares. Chizan estaba en la mira de los Estados Juntos, debido a sus intentos nucleares y a la comprobada solicitud de ayuda a los científicos Kursos para la fabricación de plantas

Fue entonces cuando se comprobó, que la Nación Sudamericana le había estado vendiendo Uranio enriquecido a Chizan con la finalidad de crear armas nucleares. Las sospechas se habían fundamentado a raíz del interés de Chizan de establecer convenios de cooperación con el gobierno de Lugo Galvez. Mediante la creación de una fabrica de tractores que nunca inicio operaciones y mediante la cual entraron al país una gran cantidad de dólares. También se utilizó un Fake en torno a la extracción del Oro, aun cuando era cierto, no era el único mineral que se extraía.

Esto era fácilmente comprobable, por la negativa del Gobierno de la nación Sudamericana de permitir sobre vuelos en el area, ademas de la construcción de una pista de aterrizaje de mas de dos kilómetros de extension para el despegue y aterrizaje de naves de gran envergadura, utilizadas para el transporte de material pesado.

Cuando El gobierno de la República Carioca retorna a manos democráticas, es decir cuando Vilma Yusef, es depuesta como Primera Mandataria producto de un 'Impeachment', de inmediato fueron desmantelados los galpones utilizados para la supuesta fabrica de tractores y también fue destruida la pista y toda la evidencia de la actividad de extracción del presunto Uranio, simplemente porque el nuevo gobierno siendo contrario a los intereses del Foro de San Pablo, iba a permitir sobre vuelos a nivel de frontera, con lo cual se develaría la actividad desarrollada en torno al material para uso nuclear.

" Amilcar cada paso que ha dado esta banda internacional ha sido fríamente calculado, sin márgenes de error. En cada tema existe un equipo de expertos que ha sido preparado para tal fin, y aparte de esta investigación que estoy realizando, falta la de la participación internacional de grupos terroristas de oriente medio". Esas palabras pusieron a temblar a Amilcar quien estaba escuchando atentamente cada palabra que decía Rodolfo.

"Llegamos, dale rápido porque tengo demasiada hambre", dijo Rodolfo y agregó, "Amilcar recuerda no hablar nada de este tema en el restaurant. Estos sitios están llenos de gente ligada al gobierno, pese a que son socialistas, a ellos les gustan los sitios finos", finalizo Rodolfo sarcásticamente al momento de entrar al centro Comercial para comer.

La enfermedad del Presidente avanzaba conforme estaba establecido en los protocolos médicos. El tipo de tumor cancerígeno que padecía el Primer Mandatario era de los peores. Estaba alojado en sus entrañas, como si la providencia estuviera del lado del pueblo de la nación Sudamericana, para evitar la transformación hacia un sistema que, en cada parte del mundo en la cual se había puesto en practica, hablando incluso en términos de historia, había fracasado absolutamente.

En una ocasión el Presidente Lugo Galvez, en medio de una alocución histórica, se atrevió a maldecir precisamente desde sus entrañas, al pueblo de Israel, por posiciones políticas y militares encontradas, momento que ahora era traído a la memoria, luego de diagnosticarse su enfermedad. En esa oportunidad fue demasiada la cólera, ira, rabia, malos deseos, y ofensas las que pronunció el Primer Mandatario contra el Pueblo Israelí y quienes creen en un ser superior obviamente califican las dolencias del líder de la Revolución como una especie de castigo ante un hecho tan grande como lo fueron las palabras proferidas en aquel discurso.

"Eli como vas a estar esta semana? muy ocupado para acompañarme?", preguntaba el Presidente a su Ministro de Energia Electrica.

"Para nada Presidente, claro que marcho a su lado. Permitame irme para dejar todo listo en despacho", respondía Ortiguez Manaque de la manera mas solidaria a la petición de su Comandante.

Ortiguez Manaque, había sido uno de los precursores de las transformaciones comunistas en la República Sudamericana. Formado en la Isla, bajo las ordenes del Comandante Joel, siempre estuvo dispuesto a estar en el frente con las armas, oculto en la Sierra de Sudamerica, hasta que de manera silenciosa obtuvieron el poder. Ahora de nuevo estaba al frente marchando al lado del jerarca quien necesitaba de sus piezas de confianza para su tranquilidad.

"Gracias Ortiguez por tu disposición siempre de servir a la causa. A partir de este momento confío en ti y en mi lugarteniente Tomas Dabajuro, quienes me acompañarán a esta gesta para lograr recuperar uno de mis trofeos mas valiosos, mi salud", con esas emotivas palabras terminó, su conversación dentro del vehículo que les había llevado al aeropuerto, donde era esperado por una comisión de su Gobierno, para desearle suerte en esta tercera intervención quirúrgica a la cual se sometería.

Por esos días de turbulencia, el Presidente estaba con la sensibilidad a flor de piel, misma que tanto le había inspirado en sus momentos de climax oratorios y con la cual llegaba tan adentro de la gente. Sin embargo en esos momentos esa sensibilidad era teñida con uno de los sentimientos mas naturales del ser humano, el miedo.

Miedo a partir a lo desconocido, y sobre todo miedo por no saber si todo lo que había hecho guiado por su fraterno Joel, había sido lo correcto. Eran pensamientos íntimos privados que no se atrevía a contar. Sin embargo su actitud y un comentario mal hecho delante de Tomas Dabajuro, le habían delatado y posiblemente haya sido su sentencia.

Llego la hora del embarque y partió rumbo a la Isla. Una vez mas…

"Hola Chala como te ha ido", Rodolfo finalmente establecía comunicación con su amiga Chala.

"Rodolfo que bueno saber de ti, como estas, en que puedo servirte", la respuesta denotaba el mismo tono de confianza y de cariño.

"Chalita necesito un boleto mañana para Miami, pero solo será una semana, tengo que hacer un reportaje super importante y me sale muy caro directo por el Aeropuerto", reclamaba Rodolfo en tono alterado y ansioso.

"Tranquilo Rodolfo, dalo por hecho, te lo tengo listo en la tarde y te lo envío vía e-mail, te diré que va a salir casi a la mitad del precio en relación al Aeropuerto…besos", dijo Chala.

"Gracias Chala, sabia que podía contar contigo", see you later…hahaha….estoy practicando no te asustes", y en medio de las carcajadas cerraron la comunicación.

'Señores pasajeros su atención por favor, el siguiente es el primer anuncio del vuelo numero 11044 con destino a la ciudad de Miami por favor abordar por le puerta B, pasillo de salida internacional numero 3'.

Ya en el pasillo y apunto de tomar el vuelo, Rodolfo hacia el ultimo contacto con el Doctor Juan Rafael Martinez, quien hasta el momento había sido clave para divulgar e informar a la población realmente el padecimiento del presidente.

"Doctor gracias por su tiempo, es un placer saludarle, al tiempo de felicitarlo por su impecable manera de informar a las personas sobre el padecimiento del Primer Mandatario, visto que el gabinete de gobierno es incapaz de decir la verdad", en ese momento Rodolfo ademas de sus palabras, extendía su mano para estrechar la del Doctor.

"Un café Rodolfo, quizás agua?", preguntaba el Doctor quien estaba acompañado por su asistente.

"Si sería oportuno un café, Gracias", y así inició la charla entre ambos profesionales.

El Doctor Martinez era un reconocido medico que ejercía en la Ciudad de Miami, y quien a través de las redes se había convertido en la tabla de salvación para la población del país Sudamericano. Sus oportunos mensajes en las redes eran esperados por millones de personas, que lo veían como los ojos de la verdad ante tanta oscuridad ofrecida por el régimen de gobierno.

Cuando Rodolfo lo preciso y pregunto sobre cual era su fuente, el doctor reaccionó de manera agria, diciendo que el no podía develar quien o quienes eran sus informantes, por ética personal y ética profesional, ya que primero que nada era un hombre de honor y segundo era un medico respetuoso de quienes le suministraban información.

Lo segundo que pregunto Rodolfo fue exactamente cual era el padecimiento de Lugo Galvez, a lo cual el Doctor Martinez respondió directo.

"El Presidente Galvez tiene tres problemas. Uno en las glándulas suprarrenales, otro en el hígado y un tercero en la zona de la vejiga. En los tres casos el problema ha causado metástasis y es irreversible".

Asi de simple el Doctor Martinez explicó cual era el cuadro clínico actual, y continuó.

"En realidad la persona que me esta ofreciendo toda la información me llamo y me dijo que había aparecido otro tumor de poco mas de un centímetro, cual fue el motivo de esta tercera operación. Sin embargo cuando los médicos mediante la técnica laparoscopica se dieron cuenta de lo que había, prefirieron limpiar la zona y no extraer, para evitar complicaciones", con la vista perdida dirigida hacia una hoja en su escritorio, el Doctor Martinez terminó su comentario.

Según lo que el Doctor Martinez le había dicho a Rodolfo, y según lo que sabían los médicos que atendían al Presidente, ya nada había que hacer. El propósito era mantener con vida al único hombre que podía mantener la revolución, tristemente a quien luego de su cara a cara con la muerte, había reflexionado, pero a quien no le dejarían dar marcha atrás y en una jugada maestra, la mafia de la Isla, había frenado la reversa, justo con el tiempo necesario para ganar la reelección, y ejecutar el 'Enrosque'.

"Doctor no tendré como agradecerle su gentileza. Gracias por compartir su tiempo conmigo", le dijo Rodolfo al momento de la despedida.

"De nada Rodolfo gracias a ti por la visita, y recuerda nunca especules en torno a quien me ha dado la información. Por cierto te quería pedir que fueras objetivo porque últimamente he sentido que me vigilan y no quisiera que una ligereza de tu parte me fuera a salir cara", y finalizando el Doctor con ojos ciertamente llenos de temor, se despidió.

En el viaje de regreso Rodolfo no dejó de pensar en las últimas palabras del Doctor Martinez. Trataba de repasar cada fragmento de la entrevista, y en efecto a partir de cierto momento su tono de voz cambió, como si hubiese recordado algún episodio, o quizás alguna amenaza. Pero al mismo tiempo pensó que eso no ocurriría en los Estados Juntos, una amenaza de muerte en ese país era poco probable, por lo que descartó sus hipótesis locas y cerrando los ojos

se dispuso a descansar en el Uber que le llevaría al hotel, para preparar la entrevista cuanto antes. Quería aprovechar el resto del viaje para visitar a Dilson, a su hermano Benny y a algunos amigos para después hacer algunas compras hasta el día de su vuelo de retorno a la República Sudamericana.

Vista la enfermedad que padecía el Presidente y previendo cualquiera de los escenarios posibles, incluso la muerte, desde mediados del año 2011, este optó por solicitar la repatriación de todo el Oro de la nación que estaba almacenado en bóvedas de los Estados Juntos y Europa. La recomendación había sido hecha por el Rey de la manipulación Joel Valastro y su hermano Paul, argumentando que ante cualquier falta de su persona, el poder podría perderse, pero antes debían poner a buen resguardo las mas de 365 toneladas de Oro.

Y asi comenzó el proceso para el traslado del Oro monetario hacia la Capital de la República Sudamericana, mientras que el Oro estaba siendo retirado de los Estados Juntos y Europa, para ser almacenado en Pina, Kursia y la República Carioca. La Repatriación del Oro de la República Sudamericana, se realizaría con un retraso de aproximadamente 3 meses desde su fecha de solicitud, y esto se debía a varios motivos entre ellos el aspecto de la seguridad. Ademas tomando en cuenta que el país se encontraba con sus arcas vacías producto del despilfarro y la succión de la cual había sido objeto por parte de los países amigotes del hemisferio, era primero necesario verificar que todo estuviera en orden y sin ningún reclamo.

Por otra parte ya se comenzaba a escudriñar en torno al desfalco, que algunos de sus funcionarios públicos estaban realizando y dentro de los protocolos se debía certificar que posterior a la repatriación del Oro, no hubiese algún reclamo. Es así como para el ultimo día del mes de enero del 2012 se había realizado la totalidad del traslado del Oro.

Aquella jugada obedecía a dos factores. El primero que era tratar de distraer un poco la atención del pueblo sobre la enfermedad del Presidente a solo semanas de la realización de las elecciones del 2012 que iban a permitir garantizar la revolución para el futuro. El segundo factor era tratar de repatriar el oro y de ahí llevarlo todo a la Isla, ya que si Galvez moría el oro quedaría en la Isla, es decir que toda la planificación era para realizar un vulgar saqueo, así como había venido ocurriendo desde el comienzo de la llamada revolución del siglo 21.

Asi que una vez llegado el Oro a las bóvedas del Banco Central (BCS) traído desde Europa y los Estados Juntos, de inmediato se elaboro el plan cuya ejecución pondría los lingotes en su destino final. Fue asi como en caravanas de Camiones blindados vía Aeropuerto, todas las reservas de Oro fueron movidas a la Isla donde reposan en arcas de su Banco Central.

Faltaban apenas ocho meses para la realización de las elecciones y mientras el Presidente Galáctico recorría el país, con las limitaciones propias de sus dolencias, su oponente seleccionado luego de un proceso de primarias efectuado por la oposición nacional, salía al ruedo pidiendo union de todos los sectores de la sociedad, para sacudir de una buena vez el régimen que había entregado todo a la Isla.

Pero como todo estaba milimetricamente calculado, las probabilidades de derrota del Gobierno eran mínimas.

"A ver George, revisemos de nuevo la agenda. 1.- Comandos Regionales, 2.- Guarniciones al tanto de los planes, 3.- Directores de Transmatic, 4.- Testigos de Mesas, 5.- Custodios de Actas, Personal a cargo de las Maquinitas, 6.- 'Cable Optico funcionando', al revisar la lista de pronto el Presidente levanto la vista hacia el Reloj de pared que tenia frente a su escritorio en despacho y dijo, "En mi vida pensé darle tanta importancia al tiempo, a cada minuto, y con semblante nostálgico, volvió a la hoja donde esta revisando cada detalle para la contienda que se acercaba, una especie de cruzada en la cual no sabia donde estaba el enemigo, o no sabia si el enemigo estaba en todos lados.

Cuando Lugo Galvez se refería al Cable óptico, había querido decir el medio a través del cual la Sala de Conteo del CEE enviaría en tiempo real los resultados a la sala situacional de Palacio y al tiempo que se enviaría también para la isla. Así harían los acomodos y ajustes de costumbre pero en tiempo relámpago. Es decir se ahorraba en el tiempo de entrega a la Isla y no utilizando toda la noche tal cual se venia haciendo desde el año 2006 cuando el Presidente ganó las Presidenciales contra Miguel Morales, proceso en el cual se levantaron sospechas acerca del fraude que realizaron con las maquinitas electrónicas, por la tardanza en dar los resultados finales.

La campaña Presidencial fue implacable y agotadora para ambos candidatos, en especial para el Presidente Lugo Galvez quien aspiraba la reelección con un espíritu indetenible e inspirador, pero con un cuerpo que estaba pasando factura por haber violado los tratamientos a los cuales había sido sometido. El culpable de ello era el Comandante Joel Valastro, quien sin compasión estimuló a su pupilo no importando que luego de la victoria muriese.

El día del cierre, el cielo de la ciudad Capital estaba totalmente negro aún cuando la clausura fue en horas vespertinas. Parecía mas bien el escenario de un desenlace nefasto, cuando de pronto y justo en el cierre de su épica gesta se desprendió un torrencial aguacero que tomó por sorpresa a Lugo Galvez, quien no pudo evitar recibir ese impacto en su organismo, lo cual le pasaría factura las semanas subsiguientes.

Al cierre de la jornada sus palabras inundaron la concentración, "En nuestras manos no se va a perder la vida de la patria. Estoy completamente seguro que en las manos de la juventud no se va a perder el futuro de la patria. Por mi parte, yo seguiré con ustedes porque mi próximo Gobierno comienza el 8 de octubre".

Asi las cosas la jornada de votación se presentaba intensa, solo que las estrategias del grupo de Gobierno, encabezadas por el Psiquiatra George Ortiguez, en conchupancia con la Rectora principal del CEE Yurislay Orejuela, cambiaron.

Las instrucciones para los seguidores del gobierno fueron votar tarde para congestionar esa hora y posteriormente hacer mas factible la jugada que estaba planeada.

Yurislay Orejuela, había sido precisamente quien había sustituido en el cargo al Psiquiatra George Ortiguez, y esta relación era sumamente estrecha, lo cual hacia mas confiable cualquier plan establecido para lograr el objetivo, cual era el de mantener en el poder al moribundo Presidente. Orejuela era una ficha desde hace mucho del Comandante Joel Valastro, quien fue formada, adoctrinada y entrenada en cuestiones militares en la Isla desde hacia varias décadas. Idéntica condición presentaba el asistente o edecán de Lugo Galvez, Tomas Dabajuro, quien fue adoctrinado en la Isla décadas atrás, y quien fue una célula dormida en la República Bolivariana hasta que los planes de invasión entraron en su segunda fase. Dabajuro seria a la postre la carta fuerte del comunismo que se sembrada en el continente Americano.

Fue así como siguiendo el plan, todavía en horas de la noche había seguidores de la Revolución del siglo 21, en las mesas de votación, al tiempo que la información viajaba en tiempo real a la Sala Situacional en la Isla, desde donde ejecutaban los ajustes por región y los regresaban a la sala de conteo del CEE, para tener todo a mano y anunciar la nueva victoria del actual Presidente, en el menor tiempo posible luego del cierre de las mesas. El pueblo sospechaba y hasta intuía que la mayoría había votado por un cambio, consecuencia del cansancio de la población debido a los desmanes que habían comenzado a salir a la luz publica.

El punto culminante del proceso eleccionario, fue cuando la Presidenta del CEE Yurislay Orejuela anunció la victoria y reelección del candidato de Gobierno Lugo Galvez Riaz, con lo cual el pueblo engañado en esta ocasión por partida doble, en relación a la enfermedad del Comandante, y a los resultados de la contienda electoral, continuaba en el letargo de una pesadilla interminable.

Esta situación servía la escena para que el clan caribeño blandiera la espada con la cual daría el golpe certero contra el yunque sobre el cual estaba el hilo de vida del comandante, única hebra que impedía la consolidación del plan macabro.

Pero hasta cuando duraría Galvez en el poder ?

Capitulo 9

"Rodolfo, cuéntame como esta la situación por el interior. La Capital sigue encendida la gente no acepta la trampa", se escuchaba a Amilcar a través del hilo telefónico, quien ademas agregó que el Gobierno estaba dispuesto a todo, para evitar perder el poder.

"En efecto Amilcar el interior esta igual, pero qué habrá ocurrido cuando el candidato de oposición decidió mandar a guardar a la gente. Aquí se rumora que de nuevo el Presidente estaba a punto de dar la orden para la aplicación del Plan Avila, tal cual lo hizo en el 2002", le respondió Rodolfo a Amilcar.

"Que hay de cierto tu que estas en la Capital", preguntaba Rodolfo.

"Es un rumor no confirmado, pero conociendo al elemento y a las fichas que le rodean, es muy probable que sea cierto y estoy seguro que no le hubiera temblado el pulso. Total ya lo había hecho en el 2002", terminó su frase Amilcar desde la Capital.

"Ya en el interior hay muertos frente a las sedes de los organismos comiciales. Han colocado francotiradores que están reventando el craneo de la gente, la mayoría son jóvenes universitarios quienes conocen el juego con las maquinitas y no va a ser fácil obligarlos a irse a tocar cacerolas", completó la conversación Rodolfo con una rabia contenida, al tiempo que se desahogaba lanzando un vaso contra la pared de su departamento.

La situación era complicada, toda vez que el pueblo sabia del fraude, pero no había mas organismos internacionales que las camarillas del régimen, quienes siendo representantes de Asosur, iban a testificar a favor del gobierno. Si la gente permanecía en la calle iba a haber otra masacre como las que ya son habituales por parte de las bandas de choque o colectivos y el Gobierno se lavaría las manos ante el hecho, alegando que ellos no habrían tenido nada que ver.

Poco a poco la tensión fue bajando debido al cansancio físico de la población, agotamiento que era inducido, mediante el corte de energía eléctrica o la falta del servicio del agua a las diferentes regiones en rebeldía, ademas del control de la gasolina cuya escasez manejaban a su antojo. El régimen atendiendo las instrucciones de la isla tenia todo perfectamente calculado. Incluso trabajaban en base a cálculos en cuanto a los márgenes de error, lo que les permitía estar preparados para cualquier escenario.

"Pero Rodolfo como fue posible que de manera tan rápida hubieran podido hacer los acomodos de los resultados, si se trabajó con grupos grandes de testigos de mesa, super entrenados para detectar las trampas de esos delincuentes", preguntaba con importancia en su tono de voz, un Amilcar abatido por lo que se estaba viviendo.

"Amilcar, lo hicieron utilizando el cable óptico. Te acuerdas de la millonada que invirtió el Gobierno en la instalacion del fulano cable óptico disque para llevar internet a la Isla y a Jamaica?, pues todo fue un tarantín. Ese cable óptico, es la vía secreta mediante la cual en la Capital de la Isla, reciben la data del proceso en tiempo real, que llega a una sala situacional al igual que en nuestra ciudad Capital. Mediante esa modalidad el envío y retorno de data esta garantizado, sin ningún tipo de interrupción y a una gran velocidad", respondía con precisión Rodolfo cada una de las preguntas de su acompañante.

"Durante la jornada de votación los ajustes no podían hacerse en nuestra ciudad por razones obvias. Muchos testigos, uno de los Rectores del Organismo comicial esta en favor del pueblo, y hacerlo utilizando la comunicación satelital, era correr riesgo de que cualquier interferencia develara los planes o que interrumpiera el ajuste de los números finales", cerró su respuesta Rodolfo, quien estaba atónito de lo que había podido lograr un grupo que hace poco mas tres décadas había querido irrumpir a plomo por las costas del Pais Sudamericano.

Por el mes de Julio del año 2012, el Presidente había hecho referencia por ultima vez a su enfermedad, garantizando que estaba totalmente libre de cancer, que estaba totalmente recuperado, y es que no se podía prevér otra actitud, cuando en pocas semanas iniciaría la campaña para su reelección. Sus maestros isleños habían sido precisos en cuanto a sus instrucciones, y la principal era, siéntete sano, refleja salud y vence, porque nadie votaría por un hombre moribundo.

Si embargo y luego de su victoria, sobre todo luego de aquel épico cierre, en el cual recibió un torrencial aguacero, las defensas del reelecto Presidente, habían bajado, y como todavía se encontraba comprometido con sus graves problemas de salud, decidió el día 27 de Noviembre, una fecha por demas simbólica para los seguidores de la Revolución del siglo 21, solicitar permiso a la Asamblea Nacional de mayoría oficialista para partir a la Isla en viaje de mas de cinco días a una nueva sesión medica, en esta oportunidad solo se conoció según sus propias palabras, que iría a realizar un tratamiento especial, que consistía en recibir varias sesiones de oxigenación hiperbarica.

Sin embargo previo a su partida y en transmisión en cadena de televisión, anunció sus planes delegando funciones en su Vice-Presidente Tomas Dabajuro, y pidió al pueblo de la nación Sudamericana que si en cualquier caso imprevisto, no regresaba votara en una futuras elecciones por Tomas Dabajuro, quien continuaría la labor realizada por él durante tantos años.

Habría sido aquel pensamiento en voz alta en torno a su sentimiento de agresión hacia el pueblo del país Sudamericano su sentencia de muerte? Habría sido la presencia de Dabajuro la causante de la desaparición física del Comandante? Solo el destino revelaría que habría pasado con el Presidente Galactico.

'Avance noticioso de última hora': "El Presidente Lugo Galvez Riaz, ha salido con éxito de la operación a la cual fue sometido, y se encuentra en un difícil proceso post-operatorio, de tal manera que el pueblo puede estar tranquilo", Era la matriz noticiosa que se reveló en cadena nacional para el país y el mundo.

Eran las primeras noticias que se tenían de manera oficial, en la voz del Presidente encargado, Tomas Dabajuro, quien transmitió la información con la voz entre cortada, por la emoción que significaba saber que el presidente había superado ya la intervención quirúrgica.

"Comandante usted tiene que sanarse, usted tiene que volver su pueblo aquí lo espera", esas palabras pronunciadas por Dabajuro cerraban la transmisión en cadena, que se había realizado para dar la información al pueblo, y también a los medios de comunicación del mundo, que clamaban mayor claridad en torno a la situación del Presidente.

Los siguientes días fueron grises en el ambiente nacional, y pese a ser navidad el grupo que apoyaba la gestión de Gobierno, se mantenía a la expectativa del desenlace. Mientras quienes adversaban al régimen, y quienes sabían el camino que había tomado el país, se encontraban atentos, porque la desaparición del Presidente representaría una oportunidad para el cambio. Sin embargo nunca adoptaron actitud de irrespeto ante el dolor ajeno y por eso el silencio era sepulcral en todo el territorio nacional.

"Rodolfo! se ha filtrado información donde se asegura que el Presidente Lugo Galvez falleció el pasado 28 de Diciembre", se escuchaba a Amilcar dar la información sobre el deceso del Presidente.

"Pero como es posible si hace apenas unos minutos El Ministro de Información y Comunicacion, salió en cadena nacional de Radio y Television dando un parte sobre la evolución del Presidente. De hecho una comisión de gobierno estaría viajando a la Isla con algunos documentos que debe firmar el Primer Mandatario, con algunas ordenes, leyes, decretos", eso respondía Rodolfo a la aventura de Amilcar de decir que el Presidente había fallecido.

Pero la suspicacia de Rodolfo y de los medios de comunicación se activó. El hecho del viaje a la Isla para firmar documentos, decretos y leyes era muy extraño. Porqué no esperar su restablecimiento? Porque ese viaje grupal a la Isla a firmar decretos y leyes, cuando existe una constitucion nacional que tiene los protocolos legales para este tipo de hechos? La situación era muy extraña por cuanto la información filtrada de ofrecía Amilcar, tenía fundamento.

El cinco de marzo del 2013, en cadena nacional miembros del gabinete de gobierno, con semblante desencajado, y pesar en la voz de su interlocutor, se anunciaba la muerte del Presidente de la República Sudamericana, Lugo Nataniel Galvez Riaz.

"En este momento estoy cumpliendo la misión mas difícil de mi vida. Y no es otra que comunicarles que nuestro amado Presidente Lugo Nataniel Galvez Riaz, ha partido fisicamente. Su cuerpo parte mas no su espíritu el cual se mantiene entre nosotros. Galvez Vive, la Patria sigue".

Esas eran las palabras de despedida que daba el Presidente encargado Tomas Dabajuro y el gabinete de gobierno al eterno comandante, con lo cual se cerraba un ciclo, quizá el enrosque que necesitaban los hermanos Valastro para terminar su obra maestra, y dar paso a la expansión continental del proyecto comunista en el hemisferio.

Con la muerte del Presidente Lugo Galvez, serian muchos los cambios en el rumbo de la Revolución, del país, y de su pueblo, incluyendo los actores principales de la obra que desde hacia dos décadas habíase puesto en escena.

Con la muerte de Galvez moría el Galvismo, un caudal de gente que seguía las ideas de un hombre que según la mayoría no tuvo pensamiento propio, o al menos fue truncado por su manejador desde la Isla del Caribe, por lo cual no fue una doctrina de pensamiento. Un hombre que siempre fue manipulado por los maestros de la trama izquierdista del hemisferio. Ese chorro de gente quedaba al garete como agua de cascada sin mas dirección que la caída.

Solo unas mentes brillantes podían mantener vivo el recuerdo del carismático hombre de Barinas, y esas fueron las mentes de los hermanos Valastro. Todo por ir mas allá del Comunismo en busca de dominar el hemisferio, para convertirse en saqueadores de una nación y un territorio que habían quedado huérfanos. La duda todavía merodeaba en los pensamientos de quienes amaron a Galvez.

Los amos de la parodia, del capitulo de cierre quisieron manejar la teoría de culpar al Imperio por la partida del Gigante, pero muchos sabían que el responsable de la temprana partida del amado Presidente estaba cerca, en el entorno, y era alguien que sabía que el Barines al encarar la muerte había frenado las bridas de aquel animal desbocado que destruía todo a su paso.

Solo que era tarde, él mismo se encontraba dentro de las fauces del monstruo que ayudó a crear, y simplemente ya no haría más falta. Era hora de continuar con la siguiente fase de la conquista, con alguien formado por ellos, alguien que no tuviera el mas mínimo dejo de honestidad, alguien sin nada mas que el vacío dentro de si, y el designado era ese, alguien llamado Tomas Dabajuro.

Los funerales de una de las figuras mas reconocidas de America en los últimos tiempos, iban a ser de las mas alta factura. Pero funerales de quien?

Las investigaciones realizadas por la prensa internacional, dejaron muchas dudas y a juzgar por eventos acaecidos durante los actos funebres, quedaron enormes interrogantes en torno a que había dentro del cofre o ataúd que fue exhibido en la Capital de la República Sudamericana, y al cual se habían acercado miles de seguidores del encantador militar golpista. Las dudas crecían y las reacciones de los dignatarios fueron elocuentes, al punto que la Presidenta de la tierra del Tango, tuvo una reacción de espanto para luego mirar a su alrededor y retirarse.

El público rumoraba de que eso dentro del cofre era un muñeco de cera, se prohibieron las cámaras fotográficas y de video, y esto aumento las reacciones, y comentarios que se tejían en torno a aquel aberrante hecho, lo cual le daba mayor validez a la teoría que se manejaba desde hacia semanas, y era la relativa al hecho de que Lugo Galvez había fallecido en la isla hacía aproximadamente 2 meses atras, es decir antes de finalizar el año 2012.

Esto era determinante, porque de allí en lo sucesivo, todo lo que en teoría habría firmado Galves en su lecho de muerte, era falso, y no tendría validez. Desde prestamos multimillonarios otorgados por la República de Pina, hasta los envíos de armamento y otros enseres enviados por Kursia. En teoría ambas naciones habían sido estafadas.

Solo un elemento rescataría a la nación de cualquier reclamo a futuro sobre este particular, y era el hecho de la denuncias que se hicieron públicamente en torno a las sospechas de la muerte del Presidente y sobre lo cual esos países no podrían reclamar nada si se llegase a comprobar que la muerte del galáctico hubiera tenido lugar en la Isla aquel diciembre del 2012 días después de su ultima intervención quirúrgica, de la cual se sospecha el Presidente habría salido ya sin consciencia, y solo se aferraba a la vida mediante los aparatos médicos.

"Mira Tomás te guste o no imperiosamente tenemos que casarnos, y ahora más que enfrentaras las próximas elecciones. recuerda que existen muchas dudas sobre tu nacionalidad y esto en todo caso nos podría ayudar, ya que siendo yo nacida en nuestro país, yo podría concederte la nacionalidad llegado el caso. Lo importante es crear otro pilar donde fundamentar todo en el caso que se sepa que eres de la República de Columbia", dijo por la calle del medio Lilia Sores

"Ademas debemos dar la impresión de union, debemos casarnos y darle solidez al proceso. es como hacer de 2 representantes cercanos a Galvez, uno solo mas fuerte. Eso nos permitirá afrontar todo de mejor manera ese será nuestro argumento"continuó Lilia Sores sin rodeos, a lo cual Dabajuro respondió, "Tienes razón Lilia pero no creo que sea el momento, el pueblo cree que hace apenas unos dias partió el Comandante, y no se vería bien", replicó el heredero.

Pero las cosas no eran así. La que mandaba era la guerrera, la abogada, la misma que saco al Teniente Coronel de la Carcel de Sare, por allá por 1994, la que enfrentó todo cuando el golpista era un desconocido en cautiverio, y ahora luego de muerta aquella figura, ella no podía quedar por fuera en la repartición del botín. Así las cosas se hicieron como ella lo deseaba y comenzaron los preparativos para la asunción de la

Sra. Lilia Sores, a su nuevo rol dentro del Gobierno Revolucionario, nada mas y nada menos que sería a partir de ahora la 'Primera Combatiente'.

Todo iba viento en popa, el barril de Petroleo se mantenía sobre los 100 dólares, situación que les permitía sostenerse. El 'enrosque' se había efectuado pese a los contratiempos que hubo con las suspicacias de la prensa internacional, incluso llegándose a detectar 2 cofres, uno llegando de cuba con el cuerpo descompuesto del Presidente, el cual por la urgencia y los nervios no había podido ser embalsamado. y el otro con el muñeco de cera, que reposa en el cuartel del Cerro, y al cual le rinden tributo permanentemente para hacer creer al pueblo que allí se encontraba el cuerpo de Lugo Galvez.

Todo el dinero que entraba por concepto de la renta petrolera se desaparecía como por arte de magia. Una parte iba a dar a proyectos fantasmas que nunca se realizaron, entre otros los planificados por la empresa carioca Odetec y otra buena tajada iba directamente a los bolsillos de una veintena naciones aliadas, como pago por sus servicios en torno a apoyar con sus votos cualquier tipo de consulta sobre la precaria situación en la República Sudamericana, mantenidos que vendían su voto por una cuota petrolera.

Visto que había partido quien mantenía el control de la banda, cada uno comenzó a ejecutar actividades personales utilizando la cuota de poder que habían alcanzado en el Gobierno, y así fue como por ejemplo en el sur del Pais, se inicio la explotación del oro de manera delincuencial para favorecer a personajes del Gobierno y de Militares asignados a la zona.

La situación llego a ser tan complicada que se llegaron a ejecutar masacres en el sur del país, en la lucha por el control de la mafia del oro y los daños ecológicos producidos traerían consecuencias inimaginables al medio ambiente, incluso llegando a provocar derrumbes y movimientos sísmicos debido a la alteración del medio ambiente. Flora y fauna ya no existían más en el sur del país, o al menos lo que quedaba iba en franco deterioro. Habían deshuesado la leyenda de 'El Dorado' y los militares estaban envueltos en estos hechos que dejaban ver que la situación actualmente en la República del Sur iba mas allá del Comunismo.

Por una parte las masacres entre bandas a causa de la lucha el Oro en las cuales estaba involucrado el Ejercito, y por la otra la extracción del Uranio, que era enviado para Chirán, había una fuga de Diamantes hacia la Republica de Kutú, y el Coltan y el Torio extraídos de manera ilegal y llevados a Republica de Tirón.

El desastre y la contaminación del medio ambiente era algo nunca antes visto por la humanidad. Se destruyeron hectáreas completas de bosques, incluso se llego a desviar los causes de los rios que alimentaban la represa mas grande del cono sur, con la finalidad de llegar hasta la leyenda del Oro, la cual resulto ser cierta, y de paso sin importar las calamidades de la población que comenzó a padecer la falta de agua potable, en un país con los recursos hídricos mas grandes del cono sur.

"Amilcar hermano ha pasado algo terrible, recuerdas al Doctor Juan Rafael Martinez de la ciudad de Miami", le dijo Rodolfo a Amilcar al tiempo que le dijo, "Si a quien fuí a entrevistar hace apenas unos meses!! Lo acaban de encontrar muerto en su consultorio, al parecer producto de un paro cardiaco", concluyó Rodolfo.

"Quee, no te puedo creer Rodolfo, si ese tipo podía padecer de todo menos del corazón, y trabajando dentro de un Hospital!! y en Miami, no brother allí pasó algo", dijo tajantemente Amilcar a lo cual Rodolfo respondió, "Yo también creo ese bro, a ese tipo la asesinaron. Es inconcebible, que siendo medico no se haya determinado a priori que tuviera una deficiencia cardiaca, y de haber sido así, como no pudieron reaccionar si trabajaba dentro del Hospital mas famoso de esa gran Capital como lo es Miami".

La teoría del asesinato del Doctor Martinez de momento no tenía sentido y sonaba mas a muerte natural, que realmente a un complot. Pero en la medida que ambos amigos comenzaban a juntar cabos, y a plantear conjeturas, se dieron cuenta que no era tan descabellado, y de ser así, también Rodolfo estaría en peligro, porque fue uno de los últimos que entrevistó al hombre en torno al caso del Presidente Galvez.

"Rinnnnnnggg....ringggg", justo en ese momento repico el teléfono de Rodolfo, y el numero en pantalla era desconocido. Cuando respondió del otro lado no habló nadie....."Alo, quien es..alo.." y nadie contestaba aun cuando la llamada estaba abierta. De pronto Rodolfo sintió una voz grave y lejana que decía, "Perdiste". Y acto seguido colgaron. Rodolfo miró a Amilcar y este estaba blanco como un papel.

"Rodolfo y ahora que hacemos, estas en peligro", dijo Amilcar, y Rodolfo le dijo, "No...estoy no...estamos en peligro que no es igual".

La llamada los había dejado desarmados, sobre todo porque en ese momento estaban en la Capital, la ciudad mas complicada del Pais Sudamericano, ademas serían presa fácil.

"Amilcar y si nos vamos al interior, allí sería menos factible que nos encontraran al menos por un tiempo", dijo Rodolfo como buscando apoyo de parte de su amigo.

"Coño Rodolfo yo sabia que me iba a echar una vaina", respondió Amilcar casi llorando.

A la final se tranquilizaron, salieron de donde estaban y se fueron a casa del Coronel Antonio Herrera, quien estaba teniendo una semana fuerte con los hechos que estaban dándose. Ya había llegado un punto en que todos desconfiaban de todos, y ese era el objetivo principal del F3 de la Isla, el grupo de espionaje del comunismo desde los días de la llegada al poder del Comandante Joel, y cuya razón de ser era evolucionar en el ámbito de la contra inteligencia, control de masas y psicología de la comunicación masiva.

Esas eran sus herramientas, aun cuando eventualmente cuando la ocasión lo ameritaba, también tiraban plomo de manera certera recordando los tiempos de la Union de Paises Socialistas.

Posiblemente el F3 Isleño no haga nada, pero ya habían cumplido su cometido atormentando al último periodista en hablar con el Famoso Doctor Martinez. El punto era que se sospechaba que Martinez le hubiera revelado a Rodolfo alguno de los nombres que tenia como fuente, ya que la persona que le pasaba los informes era uno de los médicos del cuerpo de doctores que atendió al difunto Presidente Galvez. Y como en este tipo de casos no se suelen dejar cabos sueltos, él, Rodolfo estaba verdaderamente en peligro, hasta tanto al menos no saliera del país.

"Chela contéstame por favor te he dejado 3 mensajes", se escuchó a Rodolfo dejar un cuarto mensaje en el buzón de voz de Chela su amiga de la Agencia de viajes, y es que tenía que utilizarla en esta ocasión mas que nunca, para no dejar ningún tipo de traza en relación a la compra de un boleto para salir del país. Se tranquilizó y dejó pasar unos minutos, cuando de repente el teléfono repicó y sintió que el estomago le daba vueltas. Con temor se acerco al teléfono pero cuando vio en la pantalla la foto de Chela, rápidamente contestó.

"Hola Chelita. Como esta mi amiga?", hablo Rodolfo con cortesía pero al mismo tiempo denotando ansiedad. Chela saludaba con la misma cortesía pero en el fondo ella estaba extrañada por el ritmo de Rodolfo.

"Chela, necesito salir del país urgente, pero necesito que me compres tu el boleto", le dijo a secas a través del auricular.

"Rodolfo estas bien?", pregunto con cautela Chela, a lo cual Rodolfo respondió que si, pidiendo disculpas. Y es que estaba perdiendo el control y no era bueno para nadie.

"Chela después te explico, es que estoy en problemas, y no quiero usar mi tarjeta, porque no quiero que se rastree", le explicó Rodolfo.

"Tranquilo Rodolfo siempre podrás contar conmigo. A donde quieres ir y con cual linea", pregunto Chela.

"Comprame algo para Miami cuanto antes por la linea que quieras", dijo Rodolfo.

"Busca por la mañana en tu correo el boleto electrónico, allí estará con el itinerario", dijo su amiga.

" Gracias Chela, gracias 'no sabes lo que acabas de hacer' ", se despidió con un beso a través de la linea y enseguida Rodolfo apagó su smartphone.

Realmente Chela no sabia lo que acababa de hacer, se había metido en problemas, pero no lo sabría sino hasta mas adelante.

A raíz de la entrega de los Ministerios de Identificación y Extranjeria a los agentes de la Isla, todo el control de emisión de

Cédulas y Pasaportes estaba a cargo del Régimen que hacia todos los arreglos desde afuera. Esta era la causa por la cual gobiernos de diferentes partes del mundo detenían constantemente en sus puertos y aeropuertos de entrada, a ciudadanos del Oriente Medio o de Asia, que no hablaban español, ni tenían rasgos latinoamericanos, con sendos Pasaportes de la República Sudamericana. Este hecho incluso creó varios conflictos internacionales toda vez, que llegaron a detener y capturar a terroristas tratando de entran a diferentes países de Europa con los Pasaportes otorgados por el Gobierno Revolucionario, obviamente con la venia de los hermanos Valastro.

En tal sentido, Rodolfo sabia que no se encontraría a salvo en ninguna parte porque los tentáculos de esa red, alcanzaba varios rincones del mundo y la prueba fehaciente era la extraña muerte del Doctor Juan Rafael Martinez, producto quizás de cuanto sabía y de sus contactos con la Isla.

Mientras estos hechos complicaban la vida del Periodista Rodolfo Vega y su entorno, producto de sus investigaciones, en el pais de a poco se acercaba la fecha de las nuevas elecciones, a través de las cuales se eligiría de manera oficial al sucesor en la Presidencia del difunto Lugo Nataniel Galvez Riaz.

El soberano estaba claro, sobre lo que acontecía y por esto la sociedad en pleno, estudiantes, gremios, productores del campo, empresarios, y partidos políticos, estaban formando un solo bloque para expulsar al gobierno el cual desde 1999 había entregado el pais a entes foráneos.

Se iniciaba entonces la Campaña rumbo a las elecciones con una peculiar consigna cual era: 'Galvez vive, la Patria sigue", la cual duro solo 10 días por normativa según se había conocido del CEE. Pero esto fue mas por la premura de terminar el 'Enrosque', ante cualquier posibilidad de que aflorara la verdad sobre la fecha de muerte de Galvez, o apareciera la partida de nacimiento del Candidato Tomas Dabajuro, de quien se tenía certeza pero sin pruebas, de que había nacido fuera del territorio nacional.

Había iniciado la fatídica jornada en la cual Dabajuro podría perpetuarse en el poder. Las instrucciones de la Isla eran ir a votar tarde como siempre para armar la trampa. El régimen públicamente gritaba que el pueblo fuera a votar temprano, engañando, para que los colectivos pudieran operar durante la primera parte el dia sin márgenes de errores y agrediendo a quien estuviese votando. Luego después de las 5 de la tarde salían los grupos adeptos al gobierno para hacer ver que había mucha gente y músculo en cuanto a los seguidores apoyando el proyecto comunista.

A todas estas todavía en horas de la noche había seguidores de la Revolución del siglo 21, en las mesas de votación, al tiempo que la información viajaba en tiempo real a la Sala Situacional en la Isla, desde donde ejecutaban los ajustes por región y los regresaban a la sala de conteo del CEE, para tener todo a mano y anunciar en el menor tiempo posible luego del cierre de las mesas, la nueva victoria del actual Presidente encargado, quien por demás nunca se separó del cargo como lo indica la ley y la constitución.

El pueblo sospechaba y hasta intuía que la mayoría había votado por un cambio, consecuencia del cansancio de la población debido a los desmanes que habían comenzado a salir a la luz publica.

Lo mas notorio de la infame jornada, fue cuando Yurislay Orejuela con el rostro fresco y la frialdad de quienes están llenos de vacío, anunciaba la victoria y reelección del candidato de Gobierno Tomas Dabajuro momento en el cual el pueblo comenzó a salir a la calle a incendiar las sedes regionales y central del organismo comicial, por el robo descarado del cual había sido objeto. El fraude ejecutado por el Gobierno y por el sistema electrónico de votación, había sido demasiado evidente y el pueblo no estaba dispuesto a dejar que desde la Isla se salieran con la suya.

En ese momento el Gobierno comenzaba a sacar el ejercito a la calle a agredir a la población, mediante el uso desproporcionado de la fuerza, con la Guardia Nacional, y las Policias de los Estados, ademas de los grupos de choque llamados Colectivos que desde los inicios del proceso revolucionario habían protegido, de manera solapada pero con todo su permiso, al Gobierno. En medio del caos que se creaba, los representantes del régimen inmediatamente ubicaron al candidato opositor, y con amenazas de crear un exterminio, obligaron al candidato a pedirle a los ciudadanos regresaran a su casa.

Para asombro de muchos las instrucciones desde el comando de Campaña del ganador de las elecciones eran que el pueblo se fuera a su casa a sonar cacerolas.

Esto fue la gota que derramo el vaso en una jornada que pudo acabar con la invasión silenciosa, pero la presión y las amenazas del gobierno sobre los factores políticos de turno, fueron tan grandes que el equipo del candidato opositor tuvo que aceptar la derrota. En los días subsiguientes caerían en cuenta del grave error cometido, y comenzaron a realizar las denuncias del fraude a nivel de organismos internacionales, que habían permitido otorgarle la victoria al representante de los comunistas de la Isla.

Esas denuncias realizadas en cortes internacionales, fueron lo que en cierto modo le puso cadena a las fieras representadas por la República de Pina y a Kursia, ya que solo esperaban este proceso para continuar el saqueo descarado de las riquezas a cambio de bagatelas. Las advertencias de los responsables de la Oposición fueron elocuentes y bien entonadas .

Una relativa a la Nacionalidad del virtual ganador del fraude, sobre quien se decía era extranjero. Las segunda a coro mas entonado relativa a la fecha de la muerte del Comandante, teoría que cobraba vida. Y la tercera tenia que ver con las pruebas documentadas del fraude electoral, cable óptico incluido.

Marina Bartolomeo, era una mujer guerrera, de esas que nacen y se rompe el molde. Ademas de hermosa, característica común de las mujeres de República Sudamericana, poseía una mezcla entre el atractivo del caribe y la finura de la mujer europea. Estudiada, activa y siempre dada a ayudar al prójimo.

Marina era una de las tantas mujeres Venezolanas, que se entrego aquel año 2014, en el cual los jóvenes estudiantes de todo el país, dijeron basta a tantos atropellos, y luego de tres hechos emblemáticos siempre ligados a la inseguridad y a las precarias situaciones del país, iniciaron protestas y reclamos al gobierno en diferentes regiones del país.

Primero fue el aguerrido Estado andino, de donde han salido varios Presidentes de la República Sudamericana, cuyo detonante fue el asesinato de un estudiante a manos del hampa. Los jóvenes decidieron salir con todo a protestar por tanto acoso hasta que el pueblo se les unió en un gesto sin precedentes por cuanto, como verdaderos guerreros, trancaron literalmente el Estado.

Vista la situación general del Pais, el cual estaba cerca del caos, los Estudiantes de la Capital de la nación se sumaron a las protestas poniendo en jaque el Gobierno incipiente e inútil de Tomas Dabajuro, el cual no hacia otra cosa que salir en cadena adulando la gestión de Lugo Galvez, quien estaba cerca de cumplir el primer año de muerto, y todavía seguía el crónico discurso canson, como el que no tiene nada que hacer ni decir. Pero si había mucho por hacer, había que desarrollar un país, rico en recursos naturales y humanos que tenía ansias por salir del letargo.

Marina era una de las muchas madres que habían perdido un hijo a manos del Gobierno, y en las primeras de cambio en las protestas de ese trimestre del 2014, Marina estaba desgarrada porque su hijo en fase de estudios universitarios, había sido asesinado por uno de los esbirros del régimen de Dabajuro, quien al parecer iba a superar a su maestro Joel Valastro en cuanto a la crueldad utilizada con el fin de permanecer en el poder.

"Si se puede!, si se puede!...la República Sudamericana, tiene hombres y mujeres jóvenes para poder salir de esta invasión de la cual somos objeto. Los Guardias Nacionales que asesinaron a mi hijo son de la Isla, yo les escuché el acento....Si se puede!...Si se puede!", gritaba por el altavoz una y otra vez Marina, durante una marcha que se dirigía a la sede de los tribunales del Estado Andino. La marcha crecía en numero de participantes, en corazón, en energía, y esto alertó a los esbirros del Gobierno, mismo que se había ya transformado en Régimen, desde el momento en el cual comenzaron la masacre contra los estudiantes.

"Luchemos por nuestro país, es la hora, no podemos permitir mas abusos de extranjeros en nuestra nación", gritaba Robinson, otro de los estudiantes lideres, quien era el Presidente de la

Federación de Centros Universitarios de la Universidad Andina. "Hago un llamado a toda la sociedad, a los empresarios, a los organismos del Estado a que le demos un paro a esta situación que mata a nuestra población y nos hace rehenes en nuestra tierra de los esbirros extranjeros", palabras que Robinson Collantes ofrecía a la masa por los altoparlantes, pero que eran repetidas una y otra vez por quienes de manera firme continuaban la protesta por la libertad.

En ese momento comenzaron a escucharse disparos, en medio de la marcha, justo cuando grupos de motorizados se acercaron y prácticamente a quema ropa ejecutaron con tiros en la cabeza a los estudiantes que guiaban la protesta. Acto seguido los estudiantes reaccionaron con objetos contundentes, defendiendose de la agresión de la cual habían sido objeto.

"Rápido una ambulancia esos malditos están asesinando a nuestros muchachos", gritaba uno de los tantos ciudadanos, padre de alguno de los corazones del futuro de esa hermosa tierra.

"Aquí ayuda…ayuda!!….agarré a uno de los malditos que disparo", grito Jesus otro de los estudiantes que tenia experiencia en artes marciales, por lo que pudo derribar a unos de los motorizados, manteniéndolo como rehén.

El desconcierto en el entorno iba desapareciendo, para dar paso de manera súbita a la rabia e impotencia que se iban a su vez convirtiendo en la realidad que azotaba al pueblo. Al cabo de varios minutos, luego de golpear al rehén lo suficiente, lo atarían a un poste del alumbrado publico totalmente desnudo, para ejemplificar que en la marcha no habían asesinos.

Por fortuna unidades medicas de los entes responsables del sector salud estaban adheridos a la marcha, y por consiguiente las ambulancias estaban a la orden de un llamado, para auxiliar a cualquiera que lo hubiese necesitado, como en efecto ocurrió. Solo uno de los estudiantes había perdido la vida, con un tiro a quemarropa a la cabeza, signo inequívoco de que el ejecutor era un mercenario extranjero proveniente de la Isla.

Mientras esto ocurría en la región Andina, en el Occidente de la República se multiplicaban las protestas. Una en el casco central de la ciudad, otra en el sector conocido como Hermosa Vista, en la cual habían enfrentamientos entre jóvenes luchando con escudos de cartón, y esbirros extranjeros acompañados por algunos efectivos nativos del país.

El la autopista principal, la puerta al occidente del país, el pueblo protestaba y se disponía a llegar hasta el principal puente de la región, el cual es un emblema del gentilicio de la zona.

Luego de haber avanzado aproximadamente cien metros, fueron emboscados por Agentes de la Policia del municipio en cuyo territorio estaba el puente emblema. Con disparos a distancia, hubo heridos por bala y perdigones.

"Yo el Padre Altar, exijo a las autoridades del municipio detengan el fuego por cuanto esta marcha es pacifica", a través de los altavoces se escuchaban las palabras del sacerdote que guiaba la marcha, cuando una cámara de Television, pudo ver como un disparo rozaba el hombro del sacerdote y caía a tierra. En ese instante la multitud fue en ayuda del religioso y del otro joven que había sido baleado en una pierna, momento en el cual los agresores presos por el pánico retrocedieron sin perder de vista la masa enardecida, solo detenida por el temor que infundían los 'hierros' que portaban los cobardes agentes del régimen.

Los medios de comunicación tomaron cada escena en foto y video, pero solo una cámara pudo captar el momento del impacto, contra el joven herido en la pierna, imagen que de inmediato dio la vuelta al mundo para dejar evidencia de los atropellos, que la dictadura declarada y abierta estaba cometiendo en contra de la población.

Posterior a esto, los periodistas y camarógrafos de los diferentes medios de comunicación, comenzaron a recibir amenazas, en especial quien por infortunio y cumpliendo su deber, captó el momento del impacto de bala. A partir de alli su vida quedaría arruinada, ya que luego fue perseguido y acosado hasta que tuvo que huir del país.

La Capital era un pandemónium, las protestas crecían y lentamente se iban juntando una con otra, hasta alcanzar niveles masificados. Las tanquetas de los organismos del Estado, llámese Policia de la Metropolis, como de la Guardia Nacional, hacian recorridos agrediendo a la población, para intimidar y asesinar cualquiera fuese el caso. Ni hablar de la Tanqueta llamada la 'Ballena' la cual con la fuerza a presión del agua movía como fichas de papel a los ciudadanos y los empujada a gran velocidad contra los muros o arboles.

El nivel de maldad no era normal, los esbirros de la Dictadura entraban a las residencias, tumbando los portones sin motivo alguno, y con el armamento reglamentario rompían los vidrios de los vehículos, las garitas de vigilancia, lanzaban granadas para destruir todo a su paso. El único objetivo era infundir terror, cual enfrentamiento armado en el medio oriente.

El pueblo insistía. Ni el físico de cada mercenario, ni la forma de hablar, ni la ejecución de sus hechos les identificaban como del país. Sin duda era personal adiestrado enviado en ese momento para contener al pueblo y evitar la caída de la Dictadura.

Quienes agredían eran mercenarios traídos de otras latitudes para asesinar y evitar perder la joya de la corona, que era realmente lo que significaba la República Sudamericana, hablando en términos de liderazgo, riqueza y posición geográfica, tomando en consideración que en la Isla llamada la Perla del Caribe, se había comprobado la presencia de una célula terrorista del Medio Oriente, al igual que había otra en el cono sur en la triple frontera común.

Para la Banda invasora era inaceptable perder la República Sudamericana.

En la convocatoria del pueblo estaba presente un líder, a quien el Gobierno temía. Un líder heredero de la casta de Bolivar, quien con valentía guió a los estudiantes y al pueblo en el reclamo de sus derechos.

Con altavoz en mano motivaba la gesta, cuando en el día de la juventud el pueblo vibraba, la voz de Leonardo Volpez se escuchaba firme.

"Muchachos, hoy en este día lleno de luz, debemos demostrarle al mundo de lo que somos capaces. Pacíficamente pidamos se respeten nuestros derechos. El Gobierno no puede atropellar y al mismo tiempo exigir de manera unilateral que los ciudadanos seamos como corderos. El pueblo de Venezuela representado por nosotros, merece libertad y seguridad. Merece un mejor futuro, para nosotros y para nuestros hijos !!", y en cada bocanada de aire que tomaba Volpez, transmitía un ventarrón de energía a aquella legión de jóvenes regados por las calles del país Sudamericano, como hojas en otoño tenía un roble en su entorno.

Fue entonces cuando el gobierno entendió que debía detener aquella fuente de inspiración, un vendaval, aquel soplo de viento fuerte que hacia mover con furia los cimientos de la Dictadura.

Y el engaño hizo acto de presencia en la persona de Diogenes Capelli, el mismo que hacía sus apariciones de la nada, como oscureciendo todo cuando miraba. Ya el fallecido lider de la Revolución Lugo Galvez, le había apartado en una oportunidad por corrupto, como si fuese una sombra llena de vacío.

Ahora en tiempos que liberan los demonios mas allá del comunismo, se había fortalecido como alimentado por el mal desatado en el país, y aprovechando ese momento encarceló al genuino líder con el pretexto de que iba a ser asesinado para hacer ver al gobierno como responsable de su desaparición.

Nada mas falso que aquella teoría, que llevaría a Leonardo Volpez a ser el rehén mas preciado y a través de quien tomarían control de las calles de la nación

Ese hecho, mas la decisión dictatorial de apagar las 2 pantallas de Televisión mas importantes que estaban transmitiendo a nivel internacional las realidades de lo que ocurría, en todo el territorio nacional como lo eran el Canal de la hermana República de Columbia TNT48 y el canal de Norteamerica CCC, estabilizó de nuevo al régimen para iniciar una arremetida en las Barriadas del país, deteniendo a grupos de venezolanos que reclamando sus derechos habían alterado la tranquilidad de la Dictadura.

Finalmente luego de manchar una vez mas las calles con la sangre del pueblo y violando los derechos humanos a través de operativos que llamaron OLP, Operación para liquidar al Pueblo, según lo reflejaron en sus informes diferentes ONG, inició la arremetida del régimen secuestrando, apresando, torturando y en ocasiones desapareciendo a civiles y militares en cada rincon de la geografía nacional, el régimen guiado por Tomas Dabajuro consiguió retomar el timón de su viaje perverso.

Pero....hasta cuando ?

"No podemos salir a escena todavía, eso podría arruinar nuestros planes de liberar la Patria", decía el Coronel Antonio Herrera viendo los hechos a través de los medios de comunicación, mas por las redes sociales que por cualquier otra vía, al tiempo que golpeaba la mesa con frustración al ver como el maligno de la Isla mandaba a asesinar a los hijos de Bolivar.

"Desgraciado demonio en algún momento la providencia divina se apoderara del negro de tu alma", decía una y otra vez el Coronel, al punto de perder las perspectivas de la reunión que estaban iniciando.

Sin embargo debían coordinar rápido las acciones a tomar, porque una vez desnudo el régimen en torno al tema de los derechos humanos, se hacia mas viable la reacción del sector democrático de las Fuerzas Armadas.

"Señores cada vez que el individuo que se hace llamar Presidente de la nación Sudamericana actúa, nos va dando mayor margen de acción y va 'abriendo la grieta' a través de la cual podemos darle cacería. La linea que divide defender la constitución o dar un golpe de Estado, es extremadamente delgada, y debemos ser firmes y estar seguros de los pasos que damos. No podemos darnos el lujo de atravesar la linea porque seriamos castigados por la historia" gritaba el Coronel Herrera quien se dirigía al selecto grupo de militares. En ese momento entró en escena uno de los lideres mas jóvenes, un Capitan cuyas palabras crearon eco en el pensamiento de los allí presentes…

"Pero tampoco podemos quedarnos de brazos cruzados viendo como un grupo de maleantes desbarata la República mas de lo que la han roto hasta ahora". Se trababa del Piloto Omar Lares un super capacitado Comisario de los cuerpos de seguridad del Estado, quien se había convertido en pieza clave de la disidencia, producto de todo lo que había visto, y ademas producto del asesinato de uno de sus hermanos a manos del hampa.

En lo sucesivo los encuentros de quienes adversaban al gobierno iban a ser con ubicación desconocida hasta ultima hora, incluso ni a Amilcar, quien era allegado al Coronel Herrera y con la confianza que se había ganado le fue permitido asistir a esa reunión. En cuanto a Rodolfo, quien fue extrañado por algunos de los asistentes, se dio la información oficial que había debido salir del país por cuestiones de seguridad, toda vez que era un blanco ya marcado.

Sacando provecho a su experiencia dentro de la Fuerza, Rodolfo había calificado la postura de los militares. Esta posición había sido expresada en una carta que había enviado vía correo electrónico a su grupo de acción. La situación de los uniformados era difícil, ya que el F3 Isleño había mutado y se había convertido en un excelente grupo cazador de oficiales leales. Habían evolucionado a tal punto que tenían infiltrados en todos los estratos de las Fuerzas.

El dinero que les entraba por renta Petrolera era tan brutal, que las comisiones que daban por delatar, le permitían a cualquier soplón vivir en el exterior cómodamente, incluso en segunda generación. De tal manera que eso solo se podía combatir con honorabilidad. Es decir que quienes pertenecían a la elite reunida en esa instancia eran los verdaderos patriotas herederos de Bolivar.

Una de las grandes ventajas que existían era que los Generales corruptos estaban plenamente identificados, no solo por la inteligencia interna del grupo, sino por la inteligencia Norteamericana, la cual tenia precisado al Grupo de Militares llamados el 'Cartel de los Soles', debido a su comprobada participación en envíos gigantescos de droga a Norteamerica y a Europa.

El plan era destruir las sociedades en sus segmentos jóvenes tal cual lo hizo la Corona Británica en el siglo XVII cuando invadió algunos territorios y pretendió invadir otros, mediante la legalización del opio y basándose en la Narcoeconomía que destruía sociedades como por ejemplo casi hace con la China para lograr sus objetivos. En este punto la alianza estratégica que mantenía el régimen de la República Sudamericana con las FAR era clave, ya que era el principal proveedor de la droga que era enviada a los destinos ya descritos, con el firme propósito de destruir a la juventud de los países mas poderosos del mundo, para luego tratar de penetrar por esa vía en el corazón de cada una de esas sociedades.

Detrás de la invasión que la Isla estaba concretando a la nación Sudamericana, había más. Existían planes de expansión del Comunismo por el hemisferio, e incluso planes de desestabilización mundial, a través las protestas por los derechos de las minorías, hablando en términos religiosos, raza y genero. En este aspecto entraban en juego grupos poderosos y millonarios, que provocaban cualquier tipo de alteración del orden publico como marchas o protestas, para de esta manera cambiar el ritmo de las naciones y por consiguiente hacer descender el valor accionario de sus principales industrias e Instituciones, y cuando esto ocurría de inmediato compraban esas acciones para luego estabilizar y poder vender cuando estas se encontraban en subida.

Algunos de estos planes tenían nombre y apellido, y uno de ellos era el reconocido mundialmente filántropo Juvenal Moros, quien amparado detrás de una red de fundaciones de beneficencia hacia y deshacía a su antojo, quedando impune y con sus manos completamente limpias.

Mientras los militares se encontraban buscando un punto de garantía para actuar y desmantelar la plaga que significaba lidiar a diario con el saqueo a la nación, amparándose falsamente en la Constitución y violandola cuando les venía en gana, se preparaban las elecciones Parlamentarias, tal vez las ultimas que se realizarían bajo el actual esquema de libre elección y mediante el sufragio directo.

El 2015 seria el año decisivo para retomar el Poder Legislativo en el cual poco a poco se había venido ganando espacios, toda vez que en comparación con el año 2005, en el cual la oposición abandono las elecciones por falta de garantías, ya en las elecciones del 2010 se habían retomado escaños y esto en cierto modo impidió muchas de las aberraciones que intentó el grupo representante del Gobierno de la Isla.

La historia iba a cambiar y la democracia iba a llegar , al menos al Parlamento mediante el bloqueo al fraude. Y como pudo haber ocurrido?

"Quiero presentarles a Rodolfo Vega, Periodista que ha debido huir al exterior, debido a los constantes acosos y amenazas que esta haciendo la Dictadura a Profesionales de la Comunicacion, precisamente para evitar que divulguen al mundo la verdad de lo que acontece en la nación. Ademas Rodolfo posee información útil en relación a un personaje que alteró los softwares que utiliza Transmatic, desde el 2006".

De esa manera Jesus Troncone hacia la introducción correspondiente de Rodolfo en el grupo de trabajo que trataría de ayudar a la liberación de Venezuela desde el exterior.

Jesus Troncone, era un Ingeniero Informático, que se había convertido en una eminencia en su area. Esto le daba credenciales para asegurar que los procesos de elecciones en la nación Sudamericana habían sido controlados mediante softwares para alterar los procesos y por ende los resultados. Bajo esa premisa se conformó un grupo de expertos que luego fue ampliado entre otros con la persona de Rodolfo Vega en el area de las comunicaciones. Esta ampliación obedecía a la intención de fortalecer con personal capacitado el proyecto que se denominó 'Bloqueo al Fraude'.

"Rodolfo gracias por aceptar formar parte de nuestro equipo de trabajo", le dijo Troncone al tiempo que le daba un apretón de mano.

"De donde eres Rodolfo", preguntó el Ingeniero.

"Soy del interior del pais", respondió Rodolfo al tiempo que preguntó," Y tu de donde eres". A lo que Jesus le dijo, "Yo soy de la Capital, chamo", y riendo fueron a comer algo en la cafetería de al lado.

El proyecto o plan, consistía en brindar apoyo y orientación a un grupo de informáticos que estarían en la República Sudamericana el día de las elecciones, para tratar de evitar de que el gobierno ejecutara su plan de fraude.

Esto iba a ser cuesta arriba, tomando en consideración los problemas de energía eléctrica que había en el pais, y ademas a la constante cacería que tenían los esbirros del régimen en contra de cualquier sitio donde se detectara actividad informática vía internet.

Los informáticos del Gobierno, colocados allí por ordenes de la Isla, tienen tanta o mas experiencia y herramientas que los propios expertos en informática que se encuentran regados por el mundo, en este caso podían fácilmente entablar cualquier reto al conocimiento con los mejores en el area tecnológica.

"Rodolfo mira lamentablemente hemos abortado todo lo que estamos haciendo y nosotros te estaremos llamando si cambiamos de parecer", se escuchó desde el otro lado de la linea para luego sentir como se cerraba la comunicación.

Rodolfo estaba preocupado por lo sucedido y no sería sino hasta una semana después cuando Jesus Troncone de nuevo lo llamó y le preguntó si podían tomarse un café, a lo cual Rodolfo con cierta desconfianza dió su aceptación. Acordaron sitio y hora y partieron a encontrarse.

"Hola Rodolfo, honestamente me siento avergonzado por lo sucedido. En realidad no esperábamos que esto pudiera ocurrir, pero pasó. Ojalá puedas disculparnos, porque la situación se complicó. Resulta que detectamos a una persona infiltrada y eso echo por tierra el proyecto que estaba montado, por lo que 'oficialmente' ya no se hará nada", Jesus le dijo exactamente lo que ocurrió al tiempo que movía la cabeza de un lado a otro en señal de frustración, apretando los labios como lamentando haber ampliado el grupo, porque fué en ese momento cuando se coló un infiltrado de esos que se encontraban dándose la gran vida en el Imperio.

Rodolfo quien siempre quería andar sobre la marcha le preguntó que si podía saber quien era para cuidarse de esa persona, ya que él había salido huyendo del país por el acoso y las amenazas directas del régimen y debía ser cauteloso o tendría que irse de esa ciudad tan frecuentada por fichas de la dictadura.

Jesus le dijo, "Rodolfo no te preocupes que el tipo salió como tapa de corcho del país porque fue denunciado ante los organismos Federales, y ya esa ficha no hará daño".

"Lo que si te quería preguntar de manera 'extraoficial', si es oportuno", le dijo Jesus en tono mas pausado y que dificultaba ser escuchado, "Estarías interesado en seguir nuestro plan de manera extra oficial con un grupo mas reducido?", dijo Jesus subiendo una ceja en señal de aprobación. Rodolfo le respondió, "Pues claro Jesus, no faltaba mas, me anoto de una vez".

Fue así como el grupo reducido, se puso manos a la obra, cambio de sitio de reunión, cambiaron teléfonos celulares, y quedaron en no darle el numero a nadie solo a quienes estaban involucrados. Cambiaron de sitios de reunión, y nunca repetían una sede. Ademas se informaba donde iba a efectuarse cada encuentro a última hora, prácticamente 10 minutos antes de cada cita y así fue como lograron cumplir los objetivos en cuanto a la primera fase del plan que era descubrir con precisión como era la trampa para poder combatirla y bloquear el fraude que tenía de 'maraquita' al pueblo de la nación Sudamericana.

La crisis en el país era cada día mayor, y todavía con el petróleo a aproximadamente 100 dólares el Barril. Esta situación llamaba la atención y el común de la gente se preguntaba donde estaba el dinero de la renta Petrolera. Ya se había conocido por propia boca del difunto Presidente Lugo Galvez, que los presupuestos de los últimos años habían sido calculados a razón de 60 dólares el barril, y que el excedente iba a Fondo Unico, cuyo control tenia solo él.

Eso era así y nadie sabia donde estaba el excedente, pero y los 60 dólares por barril donde estaban. Todo iba en deterioro, los hospitales los sistemas de Transporte, el sistema eléctrico nacional. y nadie sabia donde estaba el dinero.

Para desgracia del Gobierno, recientemente el portal de investigación 'Interleaks' había divulgado nuevamente algunos correos electrónicos e información de fraudes internacionales donde aparecían algunos nombres de personajes del gobierno de la nación Sudamericana y su relación con cuentas millonarias en paraísos fiscales, eso fue un infortunio para la banda de malhechores que en mala hora invadió el país

Fué allí cuando un grupo de reconocidos políticos posibles vencedores en las próximas elecciones parlamentarias comienzaron a salir del país, a los diferentes paraísos fiscales, como Suiza, Andorra, Islas Caimán, en fin, los destinos donde se ocultan capitales, y es de ese modo como descubren la olla de la vida. Millones sobre millones se encontraban depositados en cuentas de familiares y testaferros de los diferentes miembros del Gobierno, mas bien de la Dictadura porque a este punto y luego de destapar esa olla, se le podía llamar así sin temor a errar.

Revisión de costumbre. Maquinitas Transmatic afinadas. Testigos de mesa totalmente con instrucciones. Medios de

Comunicación con limitaciones de acceso a los centros de votación. Colectivos apostados alrededor de los centros de votación. Cable Óptico en perfecto estado de transmisión. "Presidente revista concluida todo en orden y bajo control", manifestaba el Psiquiatra George Ortiguez a Tomas Dabajuro, como tratando de darle tranquilidad a sabiendas que en condiciones normales y sin fraude la derrota para el gobierno hubiera sido monstruosa.

Solo el salvavidas en el cual se había convertido el cable óptico submarino, podía bien evitar la derrota o al menos hacerla menos humillante, en caso de que el país se volviera un desastre como ya había ocurrido en el 2013. Total las elecciones Parlamentarias, todavía no tenían la contundencia para quitarles al poder, mismo que habían obtenido y mantenido por las malas y "como sea", tal decía el slogan de campaña del gobierno, fuente de inspiración de los los Colectivos y bandas armadas que el Gobierno mantenía económicamente.

Llegada la fecha del evento, la gente votaba masivamente y ante el retraso provocado por parte de los entes comiciales, la gente no se apartaba de los centros de votación. Por el contrario esa situación parecía motivar mas a la gente, que en grupos y para darse protección entre si, acudía a votar. Se notaba en la intención del voto que la gente quería un cambio que le había sido esquivo, y no era por falta de deseos, era a causa del juego macabro que había montado el gobierno a través del ente comicial.

Transcurría el día con dificultad. El operativo o plan del Estado para garantizar las votaciones, estaba fallando, obviamente con toda la intención. Y es que el gobierno hacia lo imposible para que el pueblo se cansara, para que cada ciudadano se fuera a casa a jugar domino y a ver Television, pero en las colas continuaban los ciudadanos pese a que ocurrían incidentes graves como amenazas e incluso colectivos haciendole daño a la gente. En la Capital por ejemplo en una de las Parroquias mas conocidas, una banda de colectivos llego haciendo tiros a las colas, dejando saldo de una persona muerta.

La población hacia un esfuerzo supremo. Se quedaba fuera en las cercanías de los centros de votación cuidando el proceso, ya que los ciudadanos conocían los malos habitos del Gobierno.

Pero ???????

Poco antes de la hora de cierre de las mesas ocurrió un incidente que dejó en el sitio a los técnicos en la sala de conteo y totalización, y este fue la perdida de contacto informático con la Sala Situacional de la Isla, situación que causó alarma en el

Gobierno, en el ente comicial y en la Amana, Capital de la Isla, donde se estaban literalmente dando contra las paredes por no poder restablecer el contacto perdido.

A todas estas el tiempo avanzaba y por fuerza los técnicos de la Sala de totalizaron debían ejecutar su labor cual era la de realizar el conteo real, como siempre habían hecho. El punto era que en esta ocasión no podían enviar los totales a la Isla para su reajuste y posterior reenvío de vuelta para su anuncio y eso literalmente los mató.

Luego de algunos minutos y de nerviosismo mostrado por la Rectora Principal del CEE Yurislay Orejuela, no le quedó otra que anunciar los resultados ajustados a la verdad. Es decir el anuncio de una contundente victoria del Pueblo sobre la dictadura Valastro/comunista que estaba instaurada en la nación Sudamericana.

"Con un resultado de 112 diputados de oposición y 55 Oficialistas se cierran los resultados de las elecciones parlamentarias 2015", y balbuceando fue lo único que atino a decir la máxima representante de la Revolución, que veía con terror como el Poder Legislativo les era arrebatado ante los ojos del mundo, con una mayoría absoluta. Vendrían luego algunos pataleos para evitar la juramentaron de un grupo de diputados para así evitar esa mayoría absoluta que podría destruir lo que en 20 años le había costado crear a la Dictadura.

La recuperación de la Democracia estaba a la vista, mientras las calles se desbordaban en festejos, siempre de manera comedida producto del terror que tenían instaurado los colectivos en cada centímetro del territorio nacional.

De inmediato uno de los miembros mas corruptos del regimen, Diogenes Capelli, hizo un llamado a los seguidores del Gobierno a no dejarse vencer por este error en el conteo, y pidió a los colectivos salir a defender la victoria. A esto rápidamente y sin otra opción, respondió el Ministro de la Defensa. "Lamentandolo mucho los resultados son finales, y la oposición a ganado la Asamblea Nacional", terminaba su intervención el Ministro y es que de otra manera si explotaba el pueblo contra una estafa electoral, podían perder no solo el Parlamento sino la Presidencia y el poder.

Este resultado era inesperado para los miembros de la banda de Gobierno, por lo cual corrieron y de inmediato convocaron a reuniones y contacto directo con la Isla para saber que había ocurrido y para tratar de minimizar los daños colaterales ocasionados por haber perdido el Poder Legislativo.

Luego de la derrota en las legislativas y a la carrera violando la Constitución y todas las leyes establecidas, juramentan de manera express y antes de finalizar el año a un grupo de jueces, para conformar un nuevo Tribunal Supremo de Justicia, con amenazas de muerte para los anteriores miembros, si por alguna razón no aceptaban su jubilación o no presentaban su renuncia. Era una película de Alfred Hitchcock lo que se estaba viviendo los últimos días del año 2015 en la nación Suramericana.

Ante semejantes amenazas los anteriores magistrados aceptaban lo que dijeran los miembros de la banda enquistada en el Palacio de Gobierno, y fue así como antes de fin de año conformaron un nuevo Tribunal Máximo de Justicia (TMJ), con jueces incapaces, que no cumplían con las normativas establecidas por la Constitución. Este nuevo ente jurídico compuesto por miembros de la Revolución, tenía una misión y era neutralizar o al menos obstaculizar la labor de la recién electa Asamblea de la Nación Sudamericana.

"Jesus lo logramos, lo hicimos, rescatamos al país, bloqueando el fraude continuado que hacían esos diablos", gritaba constantemente Rodolfo a todos los miembros del equipo, la alegría era increíble ya que habían puesto sus conocimientos, adquiridos ademas en su madre patria, al servicio de la

República. Ahora le ponían el juego al revés a la Dictadura y tendrían que mover sus fichas muy bien para seguir en el poder.

Una de las primeras actuaciones que tuvo la recién electa por mayoría absoluta Asamblea Nacional, fue la de solicitar ante el ejecutivo la libertad inmediata de los presos políticos de quienes adverando las ideas de la revolución habían apoyado al pueblo. Posterior a esa actuación, vinieron otras entre las que destaca la creación de una Comisión para indagar sobre el destino de los fondos nacionales que se encontraban en poder de los testaferros de los miembros del Gobierno.

Fué así como el Diputado Tulio Montero, quien ya había adelantado un gran camino rastreando la ubicación de los capitales pertenecientes a la nación. Quedaban solo pendientes los nombres de las personas de quienes, tras una firma comercial o utilizando testaferros, se encontraban en esa lista.

Como era de esperarse Las organizaciones bancarias y financieras mundiales no podían dar esa información a personas naturales o juridicas. Solo estaban en el deber de darla a representaciones gubernamentales, y eso no se podía llevar a efecto antes de la toma de posesión de la Asamblea Nacional.

Por esto una vez efectuada la Toma, se giró instrucciones a través del Poder Legislativo a los Bancos de los paraísos Fiscales mencionados anteriormente, y sin poner objeción cantaron un Do, Re, Mi Fa, Sol, al instante y ademas afinado.

La cantidad de dinero era tan abrumadora que una calculadora no podía medir los daños económicos hechos a la nación. La cifra sobre pasaba los 4 Billones de dólares. Lo realmente importante fue la pronta respuesta de los organismos financieros y bancarios, congelando los fondos de manera instantánea, y dejando sin un centavo a los delincuentes que gobernaban al país.

Era obligatorio reconocer la enorme capacidad e inteligencia de quienes detentaban el poder, apoyados desde los cuatro ángulos por la cúpula militar compuesta por los militares corruptos, los contrabandistas y los integrantes del Cartel de los Soles.

La comisión creada por parte de la dictadura y encabezada por uno de los capos del gobierno, Diogenes Capelli, todo esto luego de perder las elecciones parlamentarias y antes de la toma de posesión de la nueva Asamblea Nacional, logro bloquear las primeras leyes y decisiones emanadas del Palacio Legislativo.

Sin embargo uno de los hechos mas trascendentales en la historia de la nación Sudamericana, logro ejecutarse, y no fue otro que la juramentaron del Tribunal Maximo de Justicia (TMJ) Legitimo, el cual cumpliría con las normas y las leyes, respetando la Constitución de la República, cuya selección fue realizada apegada a la normativa jurídica existente en el país y cumpliendo los protocolos y tiempos exigidos por la Constitución de la Republica..

Una vez seleccionada, y juramentada, comenzó una persecución por parte de los órganos de represión de la dictadura, en contra de los magistrados, al punto que debieron huir, esconderse salir por las fronteras via terrestre o asilarse en las embajadas de paises democráticos.

Con este hecho se desprendía el último vestigio de democracia que hubiera podido quedar en el país y los ojos del mundo veían con estupor como un grupo de bandoleros destruían los cimientos de la República.

"Coronel Julio, que vamos a hacer ahora en medio de este desastre y esta violación de la Constitución", Preguntaba la Fiscal General Yuliza Ortigoza Friaz, en tono ansioso por cuanto el tiempo se agotaba.

"Fiscal no se que pensar en este momento, déjeme coordinar a ver que herramientas tenemos y con quien contamos, pero si me equivoco no solo irán contra usted, también lo harán contra mi", de manera precisa logró decir el Coronel Julio, hombre de color que era conocido por su temple a la hora de ejecutar y defender decisiones.

"No encuentro otra salida que ayudarle a salir del país, porque la nueva Asamblea Nacional Constituyente se estará instalando dentro de poco y luego de eso destituirán, tanto a los miembros de la Asamblea Nacional como a la Fiscal General de la República", dijo previendo lo que iba a pasar y a juzgar por la seguridad con la que hablaba eran exactamente los planes de la Dictadura.

"Pero como que Asamblea Nacional Constituyente?, eso será un parapeto algo impuesto por un grupo de bandidos, no pueden destrozar la República así nada mas", decía la Fiscal, al tiempo que caminaba de un lado a otro tratando de parir ideas que le permitieran un margen de acción apoyada en la ley y en la Constitución de la República.

Los planes de la Dictadura eran inventarse una consulta popular para darle punto final a la República, mediante la instauración de una Asamblea Nacional Constituyente, que venia a ser, para la Asamblea Nacional (Legal), lo que el Tribunal Maximo de justicia creado ilegalmente y de manera express, había sido para el verdadero Tribunal Maximo de justicia (Legal).

"Las malas noticias Señora Fiscal, es que lo harán con las maquinitas de 'Transmatic' y utilizaran el cable óptico conectado con la Isla", finalizó diciendo El Coronel Julio, al tiempo que invitaba a la Fiscal a moverse, ya que en la situación en la que se encontraban no podían permanecer mucho tiempo en un mismo lugar porque serian ubicados, marcados y posiblemente eliminados, en especial ella que representaba uno de los poderes que había decidido apartarse de la conspiración.

El 30 de Julio del 2017 el Gobierno transformado en Dictadura montaba un proceso de forma unilateral, que no contó con el aval de ninguno de los poderes legítimamente conformados como la Asamblea Nacional y la Fiscalia General de la República, toda vez que era un intento por hacer desaparecer la Constitución del gigante Lugo Galvez, y que les iba a permitir mantenerse en el poder, contra viento y marea.

Luego de finalizado el proceso, el cual quedó en evidente rechazo por parte del pueblo, al verse las calles absolutamente vacías el día de la votación, el CEE lógicamente luego del envío de data a la Isla mediante el Cable óptico y luego su respectivo retorno con los ajustes realizados por expertos, se dispuso a dar los resultados, los cuales elevaron hasta los 8 millones de votos, situación que inmediatamente desmintió la empresa Transmatic, mas por lo absurdo que cualquier otra cosa, conociendo que el país evidentemente había permanecido con las calles vacías durante toda la jornada.

Sin embargo los directivos de la empresa encargada de brindar el soporte electrónico al proceso, antes de hacer publico el fraude a los medios de comunicación, debieron salir del país, por seguridad personal y y fue entonces como desde Londres en rueda de prensa internacional confirmaron que la votación había escasamente superado los 2 millones de votos, por lo cual consideraban que la cifra dada por el órgano comicial había sido un fraude.

Estas declaraciones de la empresa encargada del proceso, terminó de quitarle la elástica a una mascara que desde hace rato estaba caida, pero ahora no era ante el pueblo de la República Sudamericana, sino que era ante los ojos del mundo.

Como fuera y por la fuerza se instalaron y lograron su cometido que era crear un órgano cuyo objetivo a mediano plazo era reescribir la Constitución Nacional y adecuarla a su proyecto invasor, legalizando incluso el saqueo del patrimonio de la nación que operaba desde hacia rato. Allí en esa constitución iba a estar prevista la impunidad a los hechos de corrupción cuyas pruebas habían entregado los Bancos y sistemas financieros mundiales, a la legalmente y escogida por el pueblo, Asamblea Nacional de la República.

A todas estas el Tribunal Supremo Express e Ilegitimo, dictaba una decisión mediante la cual se otorgaba a si mismo las funciones de la Asamblea Nacional elegida legalmente por el pueblo en el mes de diciembre del 2015.

"Pueblo de Venezuela a través de esta rueda de prensa y mediante las atribución que me han sido conferidas por la República declaro que se ha roto el hilo constitucional, luego de que el Tribunal Maximo de Justicia ilegitimo, se adjudico las funciones de la Asamblea Nacional", textualmente en un acto personal y de coraje la Fiscal General de la República Sudamericana, Yuliza Ortigoza friaz, daba por sentada su posición en torno a la locura jurídica que pretendía hacer ese ilegitimo Tribunal, por ordenes del Régimen de la Isla.

"Doctora, La Asamblea Ilegitima, acaba de instalarse y de nombrar un nuevo Fiscal General, y están por emitir una orden de captura en su contra", le decía por la linea telefónica el Coronel

Julio a la Fiscal, quien apresuradamente estaba recogiendo algunas pertenencias, para disponerse a salir del país.

Pero como?

"Como saldremos Julio? por los aeropuertos no podemos", le dijo nerviosa la Fiscal al Coronel y este respondió, "Usted confíe en mi, de todos modos a estas alturas no tiene muchas opciones", finalizo julio mientras estacionaba su vehículo de uso personal para no levantar sospechas.

La salida de la Fiscal de la República Sudamericana, tuvo que hacerse enviando un señuelo al Aeropuerto Internacional de la Capital, y otro a una de las ciudades del interior. Sin embargo, el escape el cual también estaba realizando el esposo de la Doctora, se realizó vía terrestre por la frontera con la hermana República, obviamente con el acompañamiento militar, de otra forma habría sido imposible.

De inmediato el Coronel partió de vuelta, pero el único problema era llegar cuanto antes a la Capital de la República para no levantar sospechas. Cuando todo estuvo controlado la Fiscal pidió auxilio a las autoridades del vecino país, quienes ante el conocimiento de lo que ocurría después del limite fronterizo, brindaron todo el apoyo posible a la Fiscal legal de la República Sudamericana.

Pasaron solo 24 horas cuando la Fiscal desde la Capital del vecino país convocó a una rueda de prensa para denunciar los hechos y para jurar ante la memoria de Bolivar que iba a poner todo su empeño para devolverle a los Sudamericanos el país que estaban perdiendo mediante la invasión del régimen de la Isla. Ademas de inmediato y posterior a la rueda de periodistas que había ofrecido se reunió con representantes del gobierno Norteamericano, quienes estaban detrás de la pista de los integrantes del cartel de los Soles; de su supuesto cabecilla, el Diputado Diogenes Capelli, de Nelson Revenga y de otro funcionario de marca mayor quien estaba detrás del otorgamiento de pasaportes de la República Sudamericana, a miembros de agrupaciones terrorista, de Oriente Medio quienes ya habían sido detenidos en diferentes aeropuertos del mundo con pasaportes otorgados por su persona y montados por el gobierno isleño.

Cada vez eran mas los militares desertores que se iban del país con pruebas e información sobre los desafueros cometidos por el régimen dictatorial de Venezuela. Esa situación llego a tal punto que luego de iniciarse investigaciones a nivel judicial, el Gobierno Norteamericano elaboró varias listas de funcionarios a quienes aplicó sanciones, al no poder justificar las astronómicas cuentas bancarias y los bienes que poseían, tanto a nombre de familiares como de testaferros.

Mientras, la anarquía se apoderaba de las calles de cada ciudad de la República Sudamericana, a razón de la falta de alimentos o medicinas, o por la escasez de gasolina que cada dia arreciaba más y cuyo 'modus operandi' era el de pasar las gandolas al otro lado de la frontera, donde los militares convertían un dólar en 20 mil, con ganancias superiores a las de la droga.

Cuando parecía que la Asamblea Nacional legitima tenía todo controlado, algo entorpecía su libre accionar. El calculo de los integrantes del régimen era tal, que planificaban a futuro las jugadas de su tablero de ajedrez.

"Coño chico no se que hacer, esta mañana uno de los diputados oficialistas me abordó para preguntarme la hora, y aprovechando que no había nadie cerca, me dijo claro y raspado, que si no me ajustaba a derecho, según lo que el gobierno quería, que iban a encarcelar a mis hijos y a mis sobrinos acusándolos, por unos contratos que les otorgaron hace un par de años en torno a unas plantas y material eléctrico, algunas de las cuales salieron malas y otras como que eran usadas que sé yo. Lo cierto es que me pusieron entre la espada y la pared", le contó Eny Ramos a Ignasio Garcia, otro de los diputados de la bancada opositora.

"Carajo Eny y que piensas hacer?", pregunto Garcia.

"Que voy a hacer pues, le dije que informara que ya estoy en conocimiento y les pedí tiempo para bajar poco a poco el tono, porque no puedo hacer las cosas de golpe. Les pedí que me dejaran seguir atacando a ese nivel y de a poco yo iba a bajar la guardia hasta entregar la Presidencia de la Camara", sin pudor y siendo mas padre que político, Eny Ramos finalizó su comentario con el diputado Garcia.

La dictadura tenia el talón de Aquiles de cada uno. Y a quien no le conseguían punto débil, simplemente se lo inventaban abriéndole un expediente por lo que fuera, lo apresaban y lo desgastaban en las mazmorras con torturas habilitadas para tal fin.

El hambre en las calles era vergonzosa para un país millonario en recursos naturales, minerales, y sobre todo en juventud y recurso humano. Pero es que el plan era ese, desde el principio, solo que la perdida de las elecciones parlamentarias, obligó a acelerar la marcha. Eso conjuntamente al bloqueo de los fondos de la dictadura era lo que tenia trancado el serrucho, pero la gente en la calle estaba clara y en el pizarrón estaba dibujada la estrategia.

"Brother mi esposa y mis hijos están allá, a resguardo pero debo volver para sacarlos, sin ellos aquí no tengo vida", se escuchó decir a Rodolfo cuando habló con Amilcar quien permanente le mantenía al tanto de los planes para eliminar la dictadura.

"Y cuando te vendrías?", pregunto Amilcar a lo cual Rodolfo respondió, " No tengo fecha hermano mio, pero eso no lo voy a divulgar. Primero coordino todo preparo todo para la salida y después me reporto con el grupo. Si llegase a necesitar ayuda yo te avisaría Amilcar, gracias brother", y con un dejo de nervios ambos amigos se despidieron a través la linea telefónica.

La situación se complicaba, y el grupo de militares estaba trabajando fuerte, y solo se supo cuando una noche sin luna, un vehículo se acercó hasta la intendencia del Cuartel Paracay, y cuando las personas descendieron del vehículo…..

"Pegate ahí y no hables, necesitamos guía hasta el fondo, hasta la bóveda", el lider de la agrupación había capturado al centinela y lo tenía sometido, cuando en un movimiento el centinela se safó y accionó su arma de fuego, mas para avisar al cuartel, que para atinar a su captor, porque su cañón no lo había encontrado.

En ese momento comenzó un intercambio de disparos que no ceso por un lapso aproximado de 2 horas. Por fortuna para los intrusos el segundo al mando del grupo si pudo someter y guiar al segundo centinela y este los había llevado hasta la bóveda del parque de armas pólvora y tanques de guerra, el deposito mas grande del país, y la joya de las Fuerzas Armadas. mientras un primer grupo de intrusos se enfrentaba al batallón completo y a posteriores refuerzos que venían en tanques de otros centro de comando, el segundo grupo se encargaba de utilizar un vehículo civil para transportar mas de 500 fusiles AK-103, los cuales de inmediato salieron con rumbo desconocido.

Al momento de salir este vehículo cargado con el objetivo del asalto, cargaron mas tipos de armas municiones y granadas, equipo bélico que serviría para el proyecto libertad.

"Venga capitán, aquí estamos debemos salir, estamos rodeados y ademas estan llegando refuerzos", le gritaba el Inspector Torres al Capitan Caguantonio, líder de la operacion.

"Salgan, yo estoy herido, yo los retengo mientras escapan", gritaba Torres que huyeran, y Caguantonio no queria. De hecho no lo hizo, extrañamente cesó el fuego por alguna razón y furtivamente sin dejar rastro pudieron escapar teniendo como aliados la oscuridad de la noche.

En el asalto en total se había logrado sustraer material bélico para fortalecer el arsenal que poco a poco se había ido constituyendo para la 2da independencia de Venezuela como se le llamaba entre los militares democratas. En total fueron 500 Fusiles AK-103 con 500 cargadores de este tipo de fusil, 140 granadas de 40 mm50 140 granadas de 40 mm. lanzagranadas múltiples de 40 mm.; 80 bayonetas, 60 pistolas.

En el enfrentamiento los guerreros de Bolivar lograron dar de baja a 8 traidores presumiblemente de la Isla, mientras que del grupo de valientes fueron dados de baja 3 de los 11 miembros del grupo de asalto. Las armas habían sido extraídas sin novedad y nunca dieron con su paradero, pese a las informaciones ofrecidas por miembros del gobierno, quienes aseguraban que habían encontrado el lote del material en un vehículo abandonado. Algunos de los disidentes que dirigieron la toma del cuartel, fueron capturados días después mediante traiciones y la labor del F3 de la Isla, para ser torturados brutalmente en los calabozos de la dictadura comunista que imperaba en suelo de Bolivar.

La actuación del grupo de militares héroes de la patria, era proporcional al desespero que vivía en aquel momento la población, deambulando por las calles y haciendo colas en los basureros para encontrar algo de comer, y en el mejor de los casos, haciendo cola en la parte trasera de cualquier restaurant, donde comían miembros y allegados a personal del gobierno, para posteriormente comprar las sobras que eran puestas a la venta por los restaurantes. Una situación nunca antes vista en el país cuyo prócer liberto 5 naciones del continente Americano.

La Falta de insumos médicos, de antibióticos, de material quirúrgico para intervenciones, falta de medicinas para efectuar quimios y radioterapias, la falta de leche para recién nacidos, falta equipos para unos simples rayos X, provocó el colapso general del sector sanitario y fue cuando se declaró en emergencia. Esa era la presión de los héroes de Bolivar, diariamente en la ciudad capital morían 5 niños recién nacidos en promedio, mientras que los ancianos se morían en las colas para cobrar una miserable pensión de 1 dólar aproximadamente o cuando pretendían retirar dinero de un cajero electrónico. La desnutrición en los niños era brutal, situación que se hacía evidente mediante los pedidos de auxilio a través de las redes sociales, para tratar de salvar la vida a los ángeles que morían en medio de la desgracia de aquella invasión crónica.

"Detenganse, por favor queremos entregarnos. Aquí hay civiles, mujeres y están embarazadas. No hay necesidad de usar misiles", era el intercambio de palabras que mantenía el lider e inspiración del pueblo, Omar Larez, quien había sido también delatado por un amigo cercano.

El golpe mas certero que podía haber recibió la disidencia se llevó a efecto el 15 de enero del 2018 cuando el grupo mas activo en la lucha por la libertad, fue emboscado en un sector de la Capital, luego de conocerse detalles de su ubicación.

Aquel ataque de guerra a mansalva, mediante la utilización de morteros, granadas y tanques de guerra para un grupo de 13 personas, había sido excesivo, máxime cuando en medio del operativo el Grupo comandado por Omar Larez se rindió y con bandera blanca en vivo a través de varias redes sociales pidió un Fiscal del Ministerio Publico, pero la orden del Presidente Tomas Dabajuro era la de matar a Larez y al grupo disidente.

"Queremos un Fiscal del Ministerio Publico", gritaba Larez ya prácticamente sin energías, pero mostrando una valentía nunca vista en vivo a través de las redes sociales.

"Compatriotas, hijos de Bolivar la libertad de nuestro país no depende de nadie mas que de ustedes. todos deben salir a luchar por su libertad, se que nos quieren muertos por eso esta será la ultima vez que me escuchen. Hijos los quiero mucho, morí luchando por nuestro país. No se rindan compatriotas!", a ese punto se había caído la transmisión producto de la explosión de un misil lanzado por un tanque de guerra, directamente a la casa de urbanización donde se encontraba el grupo de héroes de la patria. Omar Larez y los héroes habían sido asesinados por la dictadura comunista violando todos los códigos de honor universales, ante la rendición de un grupo de combatientes con bandera blanca. La orden era matar.

A partir de alli solo una cosa quedo claro. El grupo invasor guiado por Tomas Dabajuro y comandado desde la Isla, solo saldría de la nación Suramericana sin vida.

Capitulo 10

"Coronel mis respetos espero este bien, le escribe Rodolfo Vega. Me comunico por esta vía mediante mensajes de texto para evitar cualquier interceptación de mis mensajes para usted. Quiero decirle que estaré por acá por unos días antes de partir de nuevo. No se si esta enterado de que me marcaron y no puedo andar con libertad", y haciendo pausa soltó el mensaje para el Coronel Herrera.

Rodolfo no sabia porqué pero el Coronel Herrera le inspiraba una confianza mas allá de lo normal, incluso había estado mas cerca de él que de Don Roberto, su propio padre, quizás por las profundas diferencias de carácter político que existían entre ellos.

Pirulin…pirulin…'Sonido de mensaje entrante'… Rodolfo vio la pantalla de su smartphone y era un mensaje de voz del Coronel. "Saludos Rodolfo bienvenido. Haces bien en mantenerte al margen, llego el momento de las armas y es mejor que aportes a nivel táctico, donde eres bueno. Mira cuando quiera te presentas. Sabes donde encontrarme, mantengamos contacto por esta vía y así mantendremos buen nivel de seguridad. Si por casualidad no coincidimos porque se adelanten los hechos, cuídate se te aprecia". Rodolfo luego de escuchar el mensaje, respondió para cerrar la conversación." Gracias Coronel, estaremos en contacto".

Desde el exterior los pronunciamientos en contra de la Dictadura de Tomas Dabajuro aumentaban, incluso países que hasta hace unos meses apoyaban su gestión ahora le daban la espalda, pero no era de gratis ese rechazo, simplemente que el precio del barril de petróleo venia en caída libre desde el 2016 ubicándose incluso en 26 dólare, y ese hecho provocó que le dejaran solo, porque al no poder comprar votos en las diferentes organizaciones a las cuales pertenecía la Nación Sudamericana, en esa misma medida aumentaba su rechazo en la comunidad internacional.

Ni se diga el bloqueo que le tenía el Presidente y el gobierno Norteamericano, siendo este factor el que verdaderamente estaba causando daño a los planes de expansión del Comunismo en el Hemisferio, toda vez que sin recursos económicos ni comercio con los países del area, de apoco se fue aislando.

En este mismo sentido internacional el Tribunal Maximo de Justicia en el exilio, estaba poco a poco colocándole la soga al cuello al Dictador, ya que luego de las acusaciones de la Fiscal ante los Tribunales Internacionales, por concepto de violación de los derechos humanos, y a causa de la hambruna que estaba provocando en la nación suramericana, la cual ademas era certificada y avalada por las diferentes ONG que operaban en el país, se había dedicado a levantar una muy especifica acusación, por concepto de corrupción y de haber recibido dinero de la ya reconocida, en el entorno corrupto suramericano, empresa Odetec.

Es decir que si no lo agarraban por una vía lo agarraban por la otra, tal como ocurrió con al famoso gangster Italoamericano Al Capone, a quien al no podérsele comprobar ninguno de sus delitos mafiosos, lo pusieron tras las rejas por no pagar sus impuestos.

Lentamente se le iba cerrando el cerco a Tomas Dabajuro y a sus secuaces de la Revolución del siglo 21, sobre todo a aquellos involucrados con crímenes de lesa humanidad y los ligados al narcotráfico y terrorismo ya que no prescriben y en eso los norteamericanos eran implacables.

Los Norteamericanos no habían querido realizar una intervención directa, para evitar inmiscuirse en los intereses Rusos o chinos. Porque esto hubiera podido desencadenar un conflicto bélico de grandes proporciones. Por el contrario el Presidente de Imperio Norteamericano, se dedico a negociar con sus homólogos, primero del Area del Norte, con quien salió de apretón de mano, de hecho movió la paz entre el Norte y el Sur de la peninsula. Luego se reunió con el líder Sebastian Putin, a quien el Presidente Trueno le había hecho un favor pidiendo la reinserción de Kursia en el grupo de los 8, para luego definir áreas de operatividad de cada Imperio, y finalmente estaba gestionando con el Presidente de Chiran un nuevo modelo de acuerdo nuclear para conservar la paz global. Luego de este periplo, solo era cuestión de la caída en el hemisferio de los precursores del desastre que tenia en vilo el continente a causa de la diáspora que estaba desordenando a casi todos los países de America.

"Amilcar creo que me están siguiendo, no estoy seguro pero un vehículo ha efectuado 4 cruces detrás de mi. Ayudame que hago?", decía Rodolfo desesperado por la situación.

"Con quién estas Rodolfo", preguntó Amilcar de inmediato.

"Estoy solo por eso estoy huyendo con mayor facilidad, llama al Coronel por favor Amilcar", gritó Rodolfo mientras se escuchaba un par de disparos a través de la linea.

"Lo siento Rodolfo. Lo siento mucho", se despidió Amilcar cortando la comunicación.

"Amilcar que has hecho….Amilcarrrr……como me traicionaste", se escuchaban mas disparos.

En una de esas Rodolfo haciendo una maniobra con el volante pudo evadir la persecución, justo en una calle que pasa al lado de un elevado tipo puente, dejó que el coche que le venia siguiendo se pegara hasta el parachoques, y en un movimiento de volante logro subir el elevado mientras el coche que le seguía continuó por el canal a ras de piso. Sin embargo ahora era cuando tenía la oportunidad de escapar no podía darse por salvado.

De pronto sintió frío y se percató estaba sangrando. Uno de los proyectiles le había dado a la altura del hombro derecho y estaba perdiendo mucha sangre.

Rodolfo no podía perder el conocimiento porque si eso ocurría era hombre muerto. Hizo esfuerzos para no desmayarse hasta que se ubicó y se dio cuenta que estaba a unas cuadras del Hospital de Clínicas. Se dirigió allí por la zona de emergencias y cuando llegó se desvaneció, pero antes de caer inconsciente le sacaron su información. Pronto llegaron en su ayuda familiares y amigos.

Por fortuna la herida solo había rozado los músculos deltoides en su hombro derecho, por lo que rápidamente se restableció.

Luego de un par de horas en el Hospital, fue trasladado a otro centro asistencial a petición de él mismo, debido al hecho de que sus perseguidores podían regresar a completar el trabajo. Posteriormente, ya mas relajado y después de unas horas, pidió el alta porque debía marcharse urgentemente. Ante las preguntas de rigor por parte de los galenos, Rodolfo dijo que había sido para atracarlo, cuando muy bien sabía que la razón era otra.

Teniendo todo listo para su viaje de salida se comunicó con su amiga chela, para comprar unos boletos a Miami vía Aruba, solo que al momento no fueron comprados, ni siquiera reservados. Había un plan, por lo que compró boletos vía terrestre hacia la hermana República, para crear confusión. Cuando hubo llegado al aeropuerto rápidamente Chela compró los boletos en primera clase, cuya disponibilidad era mas factible, y Rodolfo con su esposa y niños pudieron abordar sin inconvenientes, al menos hasta ese momento el vuelo hacia la Isla de Aruba, haciendo escala, y con destino final la ciudad de Miami.

Rodolfo se había salvado, aun cuando tenia el corazón destrozado. Como era posible que su amigo de la infancia, su hermano Amilcar le hubiera traicionado de esa manera. Lo había vendido quizás por unos cuantos dólares. Ese dolor no podía sacárselo de encima, y solo las caritas sonriente de sus hijos pudieron levantarle el animo para iniciar una nueva vida puesto que ahora estaba decidido a no regresar a la República Sudamericana al menos mientras estuviera la dictadura comunista de Tomas Dabajuro controlada desde la Isla por Paul Valastro, desde hacia aproximadamente año y medio, fecha en la que partió de este mundo el Dictador mayor Joel Valastro a causa de la vejez.

Estando en la ciudad de Miami su hermano Benny lo fue a buscar al aeropuerto, para darle todas las atenciones que necesitaba. Benny sabia lo que estaba atravesando su hermano porque él lo había vivido en carne propia cuando debido a los videos que captó cuando la Policia le disparaba a un ciudadano solo por protestar, debio escapar. Desde allí comenzó la persecución en su contra, pero afortunadamente en aquella oportunidad Rodolfo le había ayudado a salir con su hijo, para pedir asilo en suelo Norteamericano.

Afortunadamente Rodolfo era conocido por su larga carrera como periodista nacional e internacional y los diferentes amigos que había dejado a lo largo de su vida profesional, se ofrecían para darle una mano en su nueva etapa desde el exilio. Norteamérica era un país de libertades allí era donde quería estar.

"Coronel soy Rodolfo", vía telefónica Rodolfo estaba llamando a su mentor para contarle lo sucedido.

"Carajo Rodolfo me enteré de lo que pasó, como te encuentras? Estás bien? Necesitas ayuda? Cuéntame por favor", le dijo literalmente Herrera.

"Coronel quiero ser honesto con usted, me encuentro destrozado, mi hermano Amilcar me ha traicionado. Durante la persecución logré llamarlo y me respondió en tono frío diciéndome que lo sentía que no podía hacer nada. Eso me ha trastocado y me ha hecho perder la fé. No confío en nadie Coronel", le dijo en tono gris a Herrera.

A todas estas Herrera no encontraba como darle la noticia de lo que había ocurrido porque no sabia como lo podía tomar, y estaba esperando un poco de mayor tranquilidad y lucidez en Rodolfo para decirle como habían sucedido las cosas.

"Rodolfo escucha atentamente lo que te voy a decir. Voy a explicarte que ocurrió aquella noche cuando fuiste objeto de la persecución. Primero quiero decirte que Amilcar esta muerto, fue asesinado por los esbirros de la dictadura", explicaba en voz baja Herrera, mientras Rodolfo había tenido que sentarse porque sus oídos no podían dar crédito a lo que estaba escuchando.

"Si Rodolfo, Amilcar fue interceptado luego de una de nuestras reuniones y fue secuestrado por un par de días durante los cuales ocultó tu ubicación porque sabía que eras ficha marcada. Él te protegió hasta el último momento pero depués las torturas fueron demasiado y dio tu ubicación", con rabia en su tono de voz el Coronel le explicó como habían ocurrido los hechos.

Rodolfo preguntó a gritos, " Pero porque lo capturaron quien habló, hay alguien infiltrado?. Que pasa?", siguió gritando a través del hilo. En ese momento Rodolfo se quebró y comenzó a llorar desconsoladamente porque había dudado de su hermano. Había pensado que lo había vendido y fue precisamente todo lo contrario. Gracias a él pudo escapar y ahora se encontraba seguro en la comodidad, con su familia, su esposa e hijos. Sentía que no iba a poder vivir con ese sentimiento de culpa.

"Por cierto Rodolfo, tu conoces a una mujer llamada Chela Garcia?", preguntaba el Coronel esperando que las respuesta de Rodolfo fuera negativa.

"Si mi Coronel es mi amiga", decía Rodolfo.

"Lamento decirte que también falleció, fue encontrada sin vida en el interior de su departamento", se hizo un silencio y luego Rodolfo pidiendo disculpas al Coronel cortó la comunicación.

Chela había sido rastreada mediante la compra del boleto para Rodolfo, y súbitamente fue seguida hasta su departamento donde luego de ser torturada mediante asfixia, buscando que diera el paradero exacto de Rodolfo y como ella no lo sabía, fue asesinada de un tiro a la cabeza como solían hacer los agentes de la dictadura.

Entre tanto en la sala de reuniones donde se encontraban los militares lideres de la disidencia, se hizo un silencio y mediante técnicas utilizadas por la inteligencia militar, lograron descubrir y capturar al soplón responsable de la captura y asesinato de Amilcar. Sin embargo lo mas sorprendente fue que esa misma ficha había sido el responsable de la emboscada al Comisario Omar Larez y su grupo en la localidad del 'Juntico', a quienes la dictadura había masacrado con un arsenal de guerra, de manera cobarde posterior a su rendición, incluso con tiros de gracia en la frente a cada uno de ellos según revelaban los informes forenses.

Ese descubrimiento causo un revuelo incontrolable y la furia de los allí presentes iba a provocar su linchamiento. Rápidamente y antes del linchamiento que se había propuesto la disidencia para vengar la muerte de su lider, Herrera desmayó al infiltrado con un certero golpe a la mandíbula para evitar el linchamiento y a la vez someter al detenido. Fue entonces cuando el Coronel con la voz de mando que mantiene sobre su equipo, pidió calma ya que de lo contrario se caería al mismo nivel de los asesinos que detentaban el poder. Dio instrucciones de terminar la reunión e indicaciones para atar al infiltrado.

Producto de la solicitud de los nombres y datos personales a los sistemas Bancarios y Financieros a nivel internacional, por parte de la comisión anticorrupción de la Asamblea Nacional de la República, las entidades comenzaron a ofrecer todos los datos. Pero no solo eso, sino que ademas las Instituciones tuvieron la cortesía de ofrecer un informe, donde se explicaba que en virtud de la las exhorbitantes sumas en algunas cuentas, están se habían clasificado en un renglón especial. Es decir que ahora si los Bancos y redes financieras están lavándose las manos en torno a los dineros en esas cuentas a sabiendas que su procedencia era dudosa. Una especie de justificación de parte de los Bancos para librar responsabilidades ante el hecho de que era dinero, bien procedente de la corrupción o del narcotráfico.

Junto a los informes fue anexada una certificación relativa a que todas las cuentas rastreadas habían sido bloqueadas inmediatamente hasta tanto el órgano rector de las leyes en la nación Sudamericana ordenara el desbloqueo mediante comunicación escrita.

La importancia de congelar esas cuentas no solo era la relativa a la repatriación de capitales que pertenecen al pueblo de la nación, sino que mediante estas cuentas se podía rastrear el origen para establecer de donde fue sustraído el dinero o en su defecto si pertenecía al narcotráfico o en su defecto a los sobornos mil millonarios pagados por Odetec.

A este punto el gobierno dictatorial del país, solo contaba con un aliado, que aunque ilegal y con la utilización de la fuerza, podría servirles por un tiempo de bastión para iniciar una contra ofensiva, conociendo que los planos medios y bajos de las Fuerzas Armadas, estaban despertando ante los hechos que poco a poco habían venido develandose.

"Abogado tenga la bondad de venir a mi oficina", y cortando la linea telefónica el General de Brigada Jesus Armando Portillo, había llamado al Doctor Gabriel Diaz, el amigo de la infancia de Rodolfo.

"Saludos mi General, a su orden", saludando cordialmente Gabriel entró en el despacho, y por la cara del General este se dio cuenta de una vez que no era para nada bueno, y de inmediato se puso en guardia mental.

"Doctor me han informado que desde hace algún tiempo usted ha estado frecuentándose con el Periodista Rodolfo Vega. Porque será que usted ha estado conversando con él y desde cuando no lo ve?", pregunto el General, al tiempo que desviaba la mirada al monitor de su portátil, abierta sobre el escritorio lleno de papeles.

"General, conozco a Vega porque fue quien me vendió el carro que uso actualmente. A raíz de allí, como el carro ha presentado algunos problemas, hemos seguido en contacto para que se haga responsable por algunos de los detalles, al menos de los más graves. En cuanto a desde cuando no lo veo, puedo decirle que hace como 10 meses no se de él. La ultima vez que lo llamé no atendió, y eso fue hace como unos 6 meses cuando se me daño uno de los electro ventiladores", respondió fríamente Gabriel, al tiempo que preguntaba, "Mi General debo saber algo?".

El General respondió., " No Doctor no ocurre nada. Por cierto su carro es VW cierto?". A lo que Rodolfo asintió mientras continuaba escuchando, "Y donde encontró el electro ventilador porque yo necesito uno para mi", finalizo el General.

Rodolfo mas relajado le respondió, "Mi General yo lo encontré en internet pero me costo un ojo de la cara. Indago a ver si lo ayudo y le aviso", respondió Gabriel.

"Gracias Doctor, se puede retirar", respondió el General al tiempo que levantó el teléfono para llamar a la comandancia.

Gabriel salió de la oficina del Comandante y en ese momento no tenia sangre en las venas. Él sabía que estaban rastreando a los disidentes y esa conexión con Rodolfo era critica para su persona. Ademas el día anterior Gabriel se había enterado de una noticia que le heló la sangre a todos los miembros de las Fuerzas Armadas.

Los medios nacionales y los analistas de la fuente militar habían hecho del conocimiento público, que un total de 2 mil miembros de las Fuerzas Armadas, habían dado positivo a las pruebas del VIH, es decir habían dado positivo al virus del Sida. Esa revelación sobre una cantidad tan elevada de militares positivos al virus, hacía pensar con fundamento que había sido inducido es decir que la enfermedad habla sido provocada y que esos militares habían sido contagiados con toda intención.

Porqué se revela de un solo golpe una cifra tan alta? A los militares se le efectúan exámenes médicos con regularidad, porqué los exámenes no fueron revelando la situación. Porqué no fueron apareciendo los casos paulatina o progresivamente, como regularmente ocurre en casos de epidemias de este tipo? o Porqué esto ocurre en momentos cuando los sables suenan en contra de la dictadura comunista?

Todas esas interrogantes solo encontraban una respuesta, cual era la de deshacerse de los militares cuya actitud patriótica ponía en riesgo el bienestar de la dictadura y la invasión ejecutada paso a paso desde la Isla. De ese modo tenían el camino libre para suplir esos contingentes, con agentes infiltrados de la Isla sin despertar sospechas o en el mejor de los casos con jóvenes connacionales que no tenían la menor idea de lo que significaba la democracia en el país. Es decir que solo conocieran el comunismo como sistema de vida.

Este golpe a los posibles libertadores de la patria se daba justo en el momento previo a una acción coordinada desde el corazón de la disidencia, por lo cual se presumía de nuevo otra infiltración en las filas leales al pueblo. Pero como era posible que hubieran infiltrados en todos los estratos de la sociedad? Y de donde sacaba recursos la Dictadura para pagarle a las fichas infiltradas, conociendo que los bloqueos promovidos por el gobierno Norteamericano y atendidos a nivel internacional tenían aislado económicamente al régimen.

La respuesta se encontraba en el narcotráfico y al Sur del país, desde donde extraían de manera grosera toneladas de minerales que inmediatamente se comerciaban en el mercado negro, hablando en términos del oro como de los diamantes. En menor escala el Coltán y el Torio, por ser minerales de usos mas específicos, sin embargo las empresas asiáticas en la zona estarían sacando jugosas ganancias con su extracción.

Pero y el Uranio, que había sucedido con la extracción de tan peligroso mineral, cuya utilización por manos equivocadas podía crear una catástrofe en el planeta?

Desde el momento que los organismos internacionales enfocaron su mirada en el país sudamericano, y desde que el Vecino país del sur cambio de Gobierno y cuyas políticas no estaban alineadas con las del comunismo. Se detuvo la extracción al menos de manera temporal. Era el narcotráfico y el oro, la economía negra que estaba manteniendo las actividades de una dictadura que venia marcadamente en declive.

El engranaje que habían hecho el Tribunal Maximo de Justicia, la Fiscalia General de la República, desde el exilio, ademas de la Asamblea Nacional desde la Capital de la República, había sido perfecto en el sentido de trabajar en armonía en función de ejecutar acciones que restituyeran el orden constitucional en el país.

Dentro del abanico de posibilidades que existían para iniciar un proceso judicial contra el Presidente Tomas Dabajuro y con la cantidad de pruebas sustraídas de los expedientes que reposaban en la Sede de la Fiscalia General de la República, por parte de la Doctora Yuliza Ortigoza Friaz, antes de su escape estilo cinematográfico hacia la hermana República, se encontraba uno especialmente apropiado, según los juristas del máximo ente rector de la justicia. Este era el relativo a los actos de corrupción, que Dabajuro había cometido en reiteradas ocasiones, desde que era canciller del difunto Lugo Galvez, hasta incluso después de haber llegado a la presidencia.

Esas pruebas eran idóneas para construir el caso que permitiría enjuiciarlo y sentenciarlo, debido a que la trama involucraba a varios países del area, incluso a nivel europeo. Estas ramificaciones internacionales de corrupción, iban a permitir activar la Convención de las Naciones Unidas contra la delincuencia transnacional, llamada también 'Convención de Palermo", la cual tenía como finalidad establecer parámetros para la aplicación internacional de las leyes homologando aspectos domésticos de cada país para castigar de esta manera el crimen organizado. Este convenio había sido puesto en funcionamiento a finales del año dos Mil en la ciudad Italiana de Palermo y fue firmado por 124 de 189 países miembros de las Naciones Unidas.

"Carajo Lilia que vamos a hacer ya no puedo mas estoy enfermo, quiero salir de este problema, pero como?", fueron las palabras textuales utilizadas por el Presidente Tomas Dabajuro hablando de manera preocupada con la primera combatiente sobre las acciones que seguirían, puesto que el cerco era cada vez mas pequeño.

"Tomas estamos metidos en esto y no podemos salir ahora. Debemos continuar, alguna salida aparecerá. Si huimos ahora nadie nos va a recibir. No tenemos nada de dinero porque todo esta bloqueado. No podemos contar ni siquiera con el oro que repatriamos, porque a ti se te ocurrió la brillante idea de hacerle caso a Joel y a Paul, y los enviamos a la Isla. Ahora como crees tu que vamos a pedirle ese Oro a Paul. Es de la Isla de donde vienen las ordenes de no abandonar, de mantener la calma, porque una intervención no la van a hacer", decía Lilia mirando fijamente el piso, como buscando algún elemento para usar y esgrimirlo como posible tabla de salvación.

"Por otra parte si al menos damos muestra de querer desaparecer, Diogenes nos liquida, porque eso es precisamente lo que el quiere para erigirse como el salvador del pueblo en medio de esta desastre que se ha formado", terminaba Lilia de expresar sus ideas, frotándose ambas manos como si el frío entrara en su cuerpo, pero eran los nervios que los tenían a ambos enfermos.

Otro tema era el de sus sobrinos, quienes se encontraban pagando condena producto de querer introducir casi una tonelada de drogas a casa del Tio Sam.

Esa situación había desecho a Lilia Sores la Primera Combatiente, la guerrera. Ya no era la misma, vivía prácticamente sedada las 24 horas del día para poder hacer llevadero el suplicio que significaba recordar a sus sobrinos, prácticamente hijos, encerrados y tan lejos. Ni siquiera tenia el consuelo del poder visitarles porque al hacerlo podrían dejarla también detenida por tanto daño hecho a la República Sudamericana.

Tun…tun…tun…(Sonido de puerta y susto!!) "Presidente cadena en 10 minutos", era el edecán de guardia quien entraba a avisar que debía prepararse para otra alocución a través de la Television.

Esa era la clave de como el Dictador Dabajuro aparentaba tener el control de todo, con tres cámaras de televisión, el apoyo de 5 Generales y de las agrupaciones de colectivos mas fuertes de la Capital. Sin embargo poco a poco el pueblo se fue dando cuenta de cuan frágil estaba una dictadura, a la cual lentamente se le estaban agotando las opciones.

La cadena era obligatoria para tratar de amedrentar al pueblo que cada día salía con mas frecuencia y en mayor cantidad a protestar debido a la carencia de alimentos, de medicina o de energía eléctrica. El pueblo Venezolano ya no tenia nada de que sustentarse.

Eso sumado a la ultima e inédita devaluación con la eliminación de hasta 5 ceros y por consiguiente la aplicación del nuevo cono monetario, tenía al pueblo y al país incendiado. Las horas eran decisivas porque se había hecho el anuncio de un incremento en el precio del combustible, y eso era tema tabú, ya que esa habría sido la excusa por la se efectuó el 'Carajazo' de 1989.

Ahora le tocaba al peor Presidente en la historia de la República, anunciar el monto oficial del nuevo precio de la gasolina y por los vientos que soplaban, no iba a caer bien a una población que estaba buscando cualquier pretexto para morir en la calle, ya que la otra opción era morir o ver morir a los hijos de hambre, de enfermedades y sin electricidad en el país.   Que haría el Tribunal Maximo de Justicia al respecto?

El temple de los miembros de aquel Tribunal Maximo de Justicia en el exilio era de acero. Habían recibido amenazas de muerte dirigidas a ellos y a miembros de su familia. De hecho 2 de los magistrados optaron por no participar en el juicio contra el Dictador Tomas Dabajuro, debido a que tenían familiares fichados en territorio nacional, quienes no pudieron salir a tiempo.

Recibida en días pasados la aprobación para iniciar el proceso de juicio por parte de la Asamblea Nacional de la República. Utilizando como sede y amparados por la majestuosidad del Congreso de la hermana República, el Tribunal Maximo de Justicia legalmente juramentado en su oportunidad por la Asamblea Nacional, iniciaba el juicio público transmitido en vivo a todo el planeta. El mismo estuvo cargado de pruebas físicas ademas de documentos, videos y audios relativos a las fechorías y actos de corrupción realizados por el actual Presidente de la República a través de la empresa Odetec, incluso desde su época de canciller al lado del finado Lugo Galvez.

El Tribunal acusaba de manera formal y comprobada al ciudadano Tomas Dabajuro Toro, sobre quien la Fiscal acusadora había pedido la pena máxima de 30 años de prisión. Acto seguido la defensa del acusado realizó su exposición, obviamente con el acusado en ausencia.

El abogado defensor se afanaba en la inocencia de su representado argumentando que en ningún momento su representado había tenido acceso a alguno de los representantes de la empresa en cuestión y que por consiguiente las pruebas presentadas carecían de veracidad. El juicio transcurría según lo previsto, faltando solo la sentencia para dar a conocer la culpabilidad o inocencia del acusado, razón por la cual se estableció un receso de noventa minutos para posteriormente dictar la sentencia definitiva, en un juicio que sentaría un precedente único en la historia jurídica mundial, hablando en términos internacionales.

Luego de la pausa, el Tribunal Maximo de Justicia tomando su respectiva ubicación en el Palacio de las leyes de la hermana República de Columbia, leyó y sentenció.

"Esta plenaria del Tribunal Maximo de Justicia encuentra suficientemente comprobado con plena prueba, la comisión de los hechos punibles objeto de esta investigación y una causalidad que demuestra fehacientemente la culpabilidad y responsabilidad penal de Tomas Dabajuro Toro en la perpetración de corrupción propia y legitimación de Capitales", leyó sentencia uno de los miembros del Tribunal.

"Por consiguiente el ciudadano Tomas Dabajuro Toro es sentenciado culpable y a cumplir prisión por el lapso de 18 años y 3 meses en la carcel de la Region El Verde, ademas se agrega que también deberá pagar multa por la cantidad 25 millones de dólares por el delito de corrupción propia y por el delito de legitimación de capitales deberá resarcir a la República la cantidad de 35 mil millones de dólares", finalizó lectura de sentencia, y con ella se declaraba levantada la sesión.

Por aquellos días cuando todo estaba revuelto. Militares esgrimiendo sables en los cuarteles, hambre y escasez de medicina entre la población, con noches incendiadas y de explosiones producto de la oscuridad general por la falta de servicio eléctrico y mas aun por la sentencia de culpabilidad del Primer mandatario nacional, se podía pensar que todo estaba listo para la caída del régimen, pero el aguante demostrado por los bandidos era monumental, y mientras mas se cerraba el cerco sobre ellos, mas agredían, por lo cual apenas 24 horas después de la sentencia de inhabilitación política y carcel para el Presidente, este, en cadena nacional anuncio una serie de medidas para terminar de quebrar al país, llevándose por delante instituciones y empresas. Un sueldo mínimo pasaba de 6 millones de bolívares, a 180 millones de bolívares al mes, con lo cual la devastación económica no podía tener otra descripción, sino el de 'Quiebra Intencional' de la nación.

Comenzaba entonces el F3 Isleño a aplicar sus técnicas y estrategias para develar los planes de la disidencia, y detrás de la punta de lanza de 6 audios que corrieron como pólvora por las redes sociales, afirmando que el Tribunal Maximo de Justicia había destituido al Presidente y nombrado a su sucesora.

Esto en situación normal habría provocado que el grupo de honorables militares hubiera emergido, pero la Dictadura durante 20 años mostró y enseño tanto, que los militares libertadores y los soldados de franela en las calles no pisaron el peine.

'Noticia de ultima hora!': "Se confirma un fuerte terremoto en las costas de la República Sudamericana la tarde de este martes, cuya intensidad fue de 7.3 en la escala de Richter. El movimiento telúrico se sintió desde las costas orientales del país atravesando todo el Territorio nacional, hasta sentirse en el vecino país.

Desde la Capital se reportan daños a varias estructuras, pero milagrosamente no hay víctimas que lamentar. Por primera vez en la historia un Terremoto por encima de 7 en la medición de Richter, no deja perdidas humanas. Se esperan replicas del suceso por lo que se recomienda a la población estar alertas ante cualquier eventualidad similar".

La noticia de aquel terremoto le daba la vuelta al mundo, por el hecho de que aún con la intensidad del sacudón, el Dios todo poderoso de una nación extremadamente Cristiana Católica, no había permitido que la República Sudamericana pasara una catástrofe del genero.

La población Cristiana Católica cuyo porcentaje era de casi el 70 por ciento, atribuía el evento sísmico a un milagro de liberación de la patria, a juzgar por los hechos reales y divinos que habían coincidido en tiempo y espacio. Y es que las brujerías y la magia negra que habían traído los colonizadores de la Isla con la finalidad de realizar conjuros y ataduras basadas en lo oscuro y los sacrificios animales, había traído una especie de maleficio a una nación que se había caracterizado durante toda su historia por ser creyente y ademas Cristiana.

Las posteriores replicas serían de menor intensidad, por lo que según los mas creyentes, el daño ya había salido de las entrañas de la patria de Bolivar.

Pasó el tiempo con su grandioso y conocido tic…tac…tic…tac…tic…tac…

Y una mañana, cuando el mundo estaba atento a cualquiera de las locuras del Dictador Dabajuro y sus secuaces, en cadena nacional y posteriormente a nivel internacional, el Coronel Antonio Herrera anunciaba la caída del régimen de la Revolución del siglo 21 y de sus promotores de la Isla, producto de la detención y extracción de los cabecillas de esta banda delictiva internacional, cuyo peor error fue menospreciar la capacidad de acción de las fuerzas internacionales, apoyadas en la convención de Palermo, la cual autorizaba a los gobiernos del mundo a recuperar la ley en cualquiera de los países firmantes de este pacto, en los cuales se hubiera perdido el hilo constitucional; y amparados en el juicio y sentencia contra el Dictador Tomas Dabajuro Toro, pudieron obrar en favor de una moribunda población sumergida en el holocausto mas grande luego del ejecutado por Hitler durante la 2da Guerra Mundial.

Cuando menos lo esperaban los patriotas comandados por el Coronel Herrera, fueron eliminando centinelas en cada uno de los cuarteles de la República, y utilizando las armas sustraídas unos meses antes del Fuerte Parama, y de diferentes puntos de control militar en varias zonas del país. Sometieron a los mandos medios que seguían apoyando el régimen asesino. Esas armas las que habían sido secuestradas durante 20 años, volvían a estar al servicio del pueblo de Simon Bolivar. Al grito de Vuelvan caras, Venezuela lograba su segunda independencia de dominaciones extranjeras y como consecuencia de nuevo libertaba a los países en cuyo territorio había querido expandirse el macabro proyecto comunista.

Epilogo

Luego de 20 años de crímenes, daño al patrimonio nacional, a las instituciones y la población, con una infancia desnutrida ademas de enferma, la reconstrucción no iba a ser fácil. Pero el valor y la inteligencia de un pueblo que fue sometido al homolodor, es decir sometimiento a través del hambre, pudo mas que las armas y la maldad llegada de otras latitudes.

A partir de ese momento y en lo sucesivo, el mundo democrático y civilizado, aprendió a mantenerse en guardia para detectar súbitamente cualquier intento de dominación de una nación a otras mediante el adoctrinamiento y la sumisión, bien sea por hambre o por drogas, creando mas leyes internacionales y convenciones como la de Palermo, que iban a permitir la cooperación, para evitar tocar los extremos a los que llegó la Nación Sudamericana.

La creación a posteriori de una cátedra de altos estudios en diferentes Universidades del mundo llamada 'Caso Venezuela', seria la mejor forma de explicar en detalle, los sucesos en torno a la Invasión de la cual progresiva y silenciosamente había sido objeto un país del mundo.

Desde el año 1961, había existido complicidad interna en la patria de Bolivar para apoyar el proyecto invasor del comunismo. No por adivino el gran Presentador Internacional de Televisión Renny Ottolina, muchas veces lo asomó, lo dijo claro y raspado como le gustaba a los criollos.

Posiblemente ese haya sido el hecho que le condujo a la muerte, cuando fue asesinado en aquella avioneta que se estrelló o estrellaron.

Por hechos como este y como otros tantos, los actuales actores políticos no pueden guiar al pueblo de Bolivar hacia el progreso. Hombres como Aripano, o como Larez eran y son los indicados para que el pueblo les siga en cuento a sus ideales. Acaso uno esta muerto y el otro casi destruido por gusto. Se han preguntado porque no han asesinado lideres políticos en Venezuela?....

Queda esta interrogante como tarea para las nuevas generaciones, Las juventudes deben leer e instruirse con la verdad sobre los hechos de la historia y entender que la Tercera Revolución Industrial, como lo es la era de la tecnología, enterró en el pasado modelos y corrientes de pensamiento y destruyo el anzuelo llamado 'Explotación del hombre por el hombre'.

La era tecnológica forma a un hombre visto como unidad de producción que es parte de un engranaje absoluto. Un hombre que trabaja según las herramientas del conocimiento que adquiera en su formación académica, totalmente independiente de patronos o de gobiernos. Trabaja y obtiene lo que quiere y cuando quiere.

El Caso de la Nación Suramericana será recordado por la historia como la formula perfecta de evasión de las leyes internacionales, y tengamos cuidado porque cualquier noche de luna llena en cualquier costa de algún país, podría iniciar otra Invasión Silenciosa…

9 791220 037495